Werner Sarges
Das Biographische Eignungs-Interview (B-E-I)

Werner Sarges

Das Biographische Eignungs-Interview (B-E-I)

zur Auswahl, Platzierung und Potenzial-Einschätzung von Führungskräften und Top-Fachkräften (Professionals)

„Es gibt kaum eine rentablere betriebliche Investition als gute Eignungsdiagnostik."

(Heinz Schuler)

PABST SCIENCE PUBLISHERS
Lengerich (Westf.)

Bibliografische Information der Deutschen Bibliothek
Die Deutsche Bibliothek verzeichnet diese Publikation in der Deutschen Nationalbibliografie; detaillierte bibliografische Daten sind im Internet über <http://dnb.dnb.de> abrufbar.

Geschützte Warennamen (Warenzeichen) werden nicht besonders kenntlich gemacht. Aus dem Fehlen eines solchen Hinweises kann also nicht geschlossen werden, dass es sich um einen freien Warennamen handelt.

Das Werk, einschließlich aller seiner Teile, ist urheberrechtlich geschützt. Jede Verwertung außerhalb der engen Grenzen des Urheberrechtsgesetzes ist ohne Zustimmung des Verlages unzulässig und strafbar. Das gilt insbesondere für Vervielfältigungen, Übersetzungen, Mikroverfilmungen und die Einspeicherung und Verarbeitung in elektronischen Systemen.

© 2021 Pabst Science Publishers · D-49525 Lengerich
    Internet: www.pabst-publishers.com
    E-Mail: pabst@pabst-publishers.com

Print: ISBN 978-3-95853-707-1
eBook: ISBN 978-3-95853-708-8

Umschlagbild: Daniel Kay/Shutterstock.com, Bearbeitung: Flowtographyberlin.de

Redaktion und Produktionsmanagement: Dr. Florian Sarges
Layout: μ
Druck: booksfactory.de

Inhaltsverzeichnis

1 Einleitung und Vorschläge für den Schnell-Start 9
2 Hintergrund: Das Konzept der Eignung 12
    2.1 Eignung ist die Passung von Person und Situation 12
    2.2 Drei Anlässe zur Feststellung von Eignung:
        Auswahl, Platzierung und Potenzial-Einschätzung 13

Teil A: Die Situation (Stelle)

3 Ausgangsbasis: Klären der Stellenanforderungen 17
    3.1 Ermittlung der Anforderungen des weiteren Umfelds einer Stelle
        (Unternehmens- bzw. Organisationskultur) 17
    3.2 Ermittlung der Anforderungen des näheren Umfelds einer Stelle 19
        3.2.1 Für Top-Fachkräfte (Professionals) 19
        3.2.2 Für Führungskräfte 20
    3.3 Ermittlung der situativen Anforderungen der konkreten Stelle
        selbst 26

Teil B: Die Person (Kandidat:in)

4 Von der Situation zur Person: So ermitteln Sie die
   situationsrelevanten Persönlichkeitsmerkmale zur
   Beurteilung von Kandidat:innen 31
    4.1 Hintergrund: Welche sind die Eignungsindikatoren? 33
        4.1.1 Viel zu oft viel zu wenig berücksichtigt: die Motivation 34
        4.1.2 Generelle Vorhersagefaktoren (Prädiktoren) für beruflichen
             Erfolg 36
        4.1.3 Spezifische Prädiktoren für beruflichen Erfolg 38
    4.2 Das Kompetenzmodell der Führungseignung:
        Ihre Landkarte zur Einschätzung 39
        4.2.1 Kompetenzen und Kompetenzlisten: eine kurze Einführung 39
        4.2.2 Das erweiterte Modell: Kompetenzen der Führungseignung 42

	4.2.3	Der zusätzliche Kompetenz-Bereich „Lern-Potenzial"	44
	4.2.4	Das vollständige Kompetenzmodell erklärt.....................	46
		Schritt 1: Die vier Kompetenzbereiche mit thematischen Untertiteln..	47
		Schritt 2: Wie sind die Untertitel zu lesen und zu verstehen?	47
		Schritt 3: Die in die Kompetenz-Gruppen fallenden Einzel-Kompetenzen...	49
		Schritt 4: Textliche Erläuterungen der Einzel-Kompetenzen aller vier Kompetenz-Bereiche.................................	50
		Zusammenfassung: Tabellarische Übersicht	53
	4.3	So ermitteln Sie die relevanten Einzel-Kompetenzen für eine spezifische Stelle...	54

5 Das Biographische Eignungs-Interview (B-E-I): So kommen Sie zu einer validen Beurteilung von Kandidat:innen 56

	5.1	Biographisches Interviewen: Die leicht erlernbare Kunst des nicht-standardisierten, aber strukturierten Fragens..............	56
		5.1.1 Die zwei gegensätzlichen Interview-Formate	57
		5.1.2 Suchen statt Abfragen: So funktioniert unser biographisches Interviewen	59
		5.1.3 Der Erfolgsfaktor für gutes Interviewen: Zuhören	60
		5.1.4 Nicht standardisiert, aber strukturiert: Unser Prinzip beim biographischen Interviewen	61
		5.1.5 Authentische Antworten durch eine taugliche Fragetechnik	62
		5.1.6 Hat standardisiertes Interviewen nicht auch Vorteile? – Eher nicht!	64
		5.1.7 Fangen Sie einfach an!	66
	5.2	Beziehungsebene, Dialog-Strategie und Themen-Ablauf im B-E-I	67
		5.2.1 Erst eine gute Beziehung ermöglicht eine sachlich-konstruktive Kommunikation	67
		5.2.2 Dialog-Strategie: Vom Vorurteil zur hermeneutischen Spirale	69
		5.2.3 Ihr roter Faden: die „Perlenkette" des Verstehens................	71
		5.2.4 Wie viele Interviewende sind optimal?........................	72
		5.2.5 Der optimale Ablauf unseres Interviews.......................	73
		5.2.6 „Roter Faden" der offenen Fragen für die relevanten Themenbereiche des Lebenslaufs	74
		5.2.7 Die richtige Vorgehensweise: Kein Abfragen!	77
	5.3	Frage-Techniken zur gezielten Evokation von Eignungsindikatoren: Wie weiche Fragen zu harten Ergebnissen führen.....................	79
		5.3.1 Technik 1: Offene Fragen stellen	79
		5.3.2 Technik 2: Unkomplizierte Fragen stellen	82
		5.3.3 Technik 3: Genau zuhören und verstehen	83
		5.3.4 Technik 4: Erzählgenerierendes Nachfragen...................	84

5.4	Techniken und Konzepte zum ergiebigen Nachfragen	87
	5.4.1 Illustrierung/Verifizierung durch Beispiele	87
	5.4.2 Verhaltensdreiecke vervollständigen	88
	5.4.3 Konkretisieren abstrakter Modelle	89
	5.4.4 Kausalität – Finalität	90
	5.4.5 „Schnittmengen" erfragen	92
	5.4.6 Sogenanntes „Aktives Zuhören"	93
	5.4.7 Zwischentöne der verbalen Sprache und die Sprache des Körpers	97
5.5	Hinweise zur Interpretation von Antworten	98
	5.5.1 Sozialer Hintergrund	99
	5.5.2 Schule, Schulabschlüsse, Leistungen	100
	5.5.3 Militär und Soziale Dienste	102
	5.5.4 Berufslaufbahn	103
	5.5.5 Vermutete Einschätzung der Kandidat:innen durch Vorgesetzte	104
	5.5.6 Ihr Unternehmen/Ihre Organisation	107
	5.5.7 Privates	112
5.6	Der B-E-I-Bewertungsbogen: So halten Sie Ihre Beurteilungen von Kandidat:innen fest	114
	5.6.1 Der Aufbau des B-E-I-Bewertungsbogens	116
	5.6.2 Die einzelnen Merkmale des B-E-I-Bewertungsbogens erklärt	117
	5.6.3 Halten Sie auch darüber hinausgehende Eindrücke aus dem Interview fest	140

Teil C: Die Passung (Eignung)

6 Zur Frage der Eignung: So klären Sie die Passung von Person und Situation ... 145

- 6.1 Passt die Person mit der in Rede stehenden Stelle zusammen und wie gut? ... 146
- 6.2 Rationales oder intuitives Entscheiden? – Beides! ... 147
- 6.3 „Prä mortem"-Analyse und Entscheidung ... 152
- 6.4 Der Arbeitsmarkt als Begrenzer der maximal möglichen Passung ... 155

7 Abschließende Bemerkungen: Wie viel steht und fällt mit Führung? ... 157

8 Einschränkungen: Was das B-E-I nicht ist ... 163

9 Quellen und Literatur ... 167

Der Autor ... 179

1 Einleitung und Vorschläge für den Schnell-Start

Jeder von uns bringt aus seiner eigenen Lebenserfahrung schon eine Fülle an Menschenkenntnis mit, und die kann für Eignungsinterviews, aber auch für andere Erkundungsgespräche im beruflichen (wie privaten) Kontext produktiv herangezogen werden, allerdings nicht immer und ohne weiteres.

Für eine treffsichere Auswahl von Mitarbeiter:innen brauchen wir nämlich deutlich mehr Informationen über eine:n Bewerber:in (oder einen sonstig interessierenden Menschen) als diejenigen, die aus den eingereichten Unterlagen, auf den ersten Blick und in den ersten Minuten der persönlichen Begegnung zu gewinnen sind. Schlimmer noch: Ohne ergänzende und korrigierende Daten werden nur unsere erstbesten Eindrücke und Vorurteile aktiviert und vor allem stabilisiert. Ob man Vorurteile nun haben will oder nicht – wir alle haben sie, denn solche Schnellschuss-Diagnosen liegen in unserer evolutionsbiologischen Herkunft begründet (z. B. die blitzschnelle Einschätzung eines Gegenübers nach Freund oder Feind). Solche Persönlichkeitseinschätzungen geschehen z. T. allein schon auf der Basis des Gesichtsausdrucks eines anderen. Das Problem an diesen Urteilen: Sie sind zwar unvermeidlich, aber leider oft auch falsch, wie die neuere Forschung gezeigt hat.[1]

Ein ebenso unvermeidlicher und bedeutender Einfluss ergibt sich beispielsweise durch den sog. Priming-Effekt; Priming heißt dabei soviel wie Bahnung oder Vorwärmung [lat. Primus, der Erste] und meint eine vorgängige, vor allem aber unterbewusste Aktivierung eines ganzen Systems von Assoziationen. Zur Illustration dessen mag eine Untersuchung dienen, die als Experiment in vielen Varianten beliebig oft reproduziert werden kann:

Die Testpersonen einer **Gruppe X** bewerteten die fiktive Person *Alan* auf Basis der folgenden vorgegebenen Eigenschaften:

> intelligent – fleißig – impulsiv – kritisch – eigensinnig – neidisch.

---

1 Todorov, 2017, S. 127–130

Parallel dazu bewerteten vergleichbare Testpersonen einer **Gruppe Y** die fiktive Person *Ben* auf Basis dieser Eigenschaften:

neidisch – eigensinnig – kritisch – impulsiv – fleißig – intelligent.

In beiden Fällen bekamen die Testpersonen also dieselben Eigenschaften präsentiert, jedoch in unterschiedlicher Darbietungsfolge – mit dem Ergebnis, dass die Bewertungen für *Alan* deutlich günstiger ausfielen als die für *Ben*.

Wie lässt sich das erklären? Offenbar werden wir in unserem Urteil über eine Person oder eine Sache von den zeitlich ersten Eindrücken so sehr vorgeprägt („geprimt", d. h. subtil beeinflusst), dass unser Gehirn nach der ersten Bewertung die zeitlich späteren Informationen entsprechend filtert und oftmals nur noch wenig bis gar nicht mehr berücksichtigt.[2]

Um Effekte wie diesen nach Möglichkeit zu vermeiden, sollten wir (frei nach Paul Valery) ein Misstrauen aufbauen gegen die Präzision unserer eigenen Prognose und dieses immer lebendig halten. Auch zu diesem Zweck habe ich ein dazu geeignetes Interviewformat entwickelt und seit über zwei Jahrzehnten optimiert: das *Biographische Eignungs-Interview (B-E-I)*. Es wird hier erstmals in dieser Ausführlichkeit vorgestellt.

Im Zentrum dieses Bandes (in Kapitel 5) wird erläutert, mit welchen Gesprächskonzepten und -techniken man bei Bewerbenden am ehesten an die entscheidenden Informationen herankommt, um zu einer möglichst validen Einschätzung ihrer/seiner Persönlichkeit zu gelangen. Damit diese Einschätzung jedoch auch zu einer optimalen Kandidat:innen-Auswahl führen kann, bedarf es im Interview-Gesamtprozess noch zweier ebenso entscheidender Schritte: Zum einen ist **vor** einem Interview eine gründliche *Anforderungsanalyse* der zu besetzenden Stelle zu betreiben (Kapitel 4), und zum anderen ist **nach** einem Interview die *Beurteilung der Eignung* der Kandidat:innen für diese Stelle vorzunehmen (Kapitel 6). Ganz zu Beginn aber sind noch einige begriffliche und inhaltliche Klärungen nötig (Kapitel 2).

---

2 Kahnemann, 2014, S. 109

> **⊃ EMPFEHLUNG**
>
> In vielen Abschnitten finden Sie einen blauen Kasten wie diesen hier. Dort stehen kurze Handlungsempfehlungen, wie Sie das vorher Gelesene in Ihre konkrete Praxis umsetzen können.
>
> Bitte beachten Sie, dass Ihnen an einigen solcher Stellen Checklisten an die Hand gegeben werden, in anderen Abschnitten wird allerdings auch bewusst auf solche verzichtet. Dort sind Sie angehalten, sich aus den vorgestellten Methoden, Fragen oder Techniken möglichst Ihre eigene Zusammenstellung aufzuschreiben, die zu Ihrer jeweiligen Situation passt. So stellen Sie einerseits sicher, dass Sie das Gelernte auch wirklich anwenden können. Andererseits beschleunigen Sie durch diese Form der Auseinandersetzung mit den Themen laufend Ihren Lernfortschritt.

Vorschläge zum Schnell-Start:

Vielleicht lesen Sie zunächst:
- Kapitel 5.1 *Biographisches Interviewen: Die leicht erlernbare Kunst des nicht-standardisierten, aber strukturierten Fragens* (12 Seiten).

Wenn dies Ihr Interesse geweckt hat, könnten Sie lesen:
- Kapitel 5.2 *Dialog-Strategie und Themen-Ablauf im B-E-I* (11 Seiten).

Eventuell noch:
- Kapitel 5.3 *Fragetechniken* (9 Seiten).
  Für einen Schnell-Start sollten Sie dieses Kapitel zunächst nur überfliegen und selektiv durchlesen. Suchen Sie sich dann zwei bis drei Fragetechniken Ihrer Wahl heraus, die Sie in Alltagsunterhaltungen einsetzen und (etwa eine Woche lang) täglich zwanglos einüben können; danach stehen diese Ihnen in beliebigen Gesprächen quasi ganz automatisch zur Verfügung. In der zweiten Woche wählen Sie die nächsten zwei bis drei Techniken, üben sie ein, und so weiter...

Und schließlich, wenn Sie mögen:
- Kapitel 5.5 *Hinweise zur Interpretation von Antworten* (12 Seiten).

2 Hintergrund: Das Konzept der Eignung

Zunächst müssen die im Kontext von Eignungsinterviews zentralen vier Begriffe präzisiert werden, nämlich *Person* und *Situation* sowie die *Eignung*, die nichts anderes ist als die *Passung* der beiden ersteren.

2.1 Eignung ist die Passung von Person und Situation

Ziel jeder seriösen Eignungs- bzw. Potenzialeinschätzung ist es ja, wirklich *entscheidende* Informationen über die Person der Kandidat:innen zu erfahren. Entscheidende Informationen sind solche, die am ehesten tauglich sind, das zukünftige Verhalten und Erleben in einer bestimmten beruflichen Situation (= Beruf, Position, Funktion, Job, Aufgabe oder Tätigkeit) abzuschätzen und ihren Erfolg darin vorherzusagen. Und nicht selten möchte man zusätzlich auch noch Aussagen über eventuell vorhandene Potenziale für die erfolgreiche Bewältigung anderer oder weiterführender Aufgaben (= weitere Situationen) machen können.

Berufliche Eignung einer Person lässt sich nur bestimmen mit Bezug auf die Anforderungen einer Situation. *Eignung* wird dann verstanden als Passung von Person und Situation, genauer: Passung von bestimmten Merkmalen einer Person zu den Bedingungen und Anforderungen einer in Rede stehenden Situation. Das dementsprechende Schlüssel-Schloss-Prinzip mag ein zeitgeschichtliches Gedankenexperiment verdeutlichen:

> „Gandhi's simplicity and saintliness might not have dealt effectively with Hitler's war machine, and Churchill's bombast and epicurean self-indulgence would not have endeared him to the Indian masses".[3]

Erfolge in Politik oder Wirtschaft werden demnach nicht von einem der beiden Einflussfaktoren allein (Person oder Situation) verursacht,

---

[3] Lykken et al., 1992, S. 1571

also weder von *großen Persönlichkeiten* (Personen) noch von *goldenen Zeiten* (Situationen). Entscheidend ist vielmehr die individuelle Passung von Person und Situation, d. h. von dem sich positiv verstärkenden Zusammenspiel beider Faktoren. Genau dies, das sogenannte Person-Job-Fit-Konzept, ist das zentrale Optimierungsmodell der Personaldiagnostik: Eignung für einen Job besitzt somit diejenige Person, die mit ihren mitgebrachten Personmerkmalen (fachliche Kompetenzen, Fähigkeiten, Fertigkeiten, Kenntnissen, Eigenschaften, Verhaltensweisen, Interessen, Motivationen etc.) am besten zu diesem Job passt, die also die Anforderungsmerkmale der Situation weitestgehend erfüllt.[4]

Die weitere Gliederung des Textes dieses Bandes orientiert sich an dem Prozess des diagnostischen Vorgehens in der Praxis: Ausgehend von dem konkreten Anlass zur Eignungsfeststellung (Auswahl, Platzierung oder Potenzial-Einschätzung; Kapitel 3) ist zunächst die vorgegebene Situation einzuschätzen (Kapitel 4), dann die zu prüfende Person (Kapitel 5), um schließlich die Frage der Passung von Person und Situation zu klären (Kapitel 6).

2.2 Drei Anlässe zur Feststellung von Eignung: Auswahl, Platzierung und Potenzial-Einschätzung

Bei Fragen der Personal-*Auswahl* ist der Ausgangspunkt der Betrachtung die *Situation* – etwa eine zu besetzende Stelle mit all ihren Aufgaben, Verantwortlichkeiten, finanziellen, personellen und sonstigen Ressourcen und deren organisatorischen Einbettungen sowie Ergebniserwartungen. Diese Situation müssen wir dann daraufhin befragen, was Kandidat:innen mitbringen (und/oder eventuell noch entwickeln) müssen, um sie mit Erfolg (d. h. mit hoher objektiver Leistung und großer subjektiver Zufriedenheit) zu meistern. *Gesucht wird also die zur Situation „passende" Person* – beschrieben durch Ausbildung, berufsrelevante Erfahrungen, Skills, Kompetenzen, Persönlichkeitseigenschaften, Begabungen, Talente etc.

Umgekehrt ist bei Fragen der Personal-*Platzierung* der Ausgangspunkt der Betrachtung die *Person* (zu beratende Berufsanfänger:innen, Kandidat:innen oder Mitarbeiter:innen), für die eine passende Situation (Beruf, Funktion, Position, Aufgaben etc.) gesucht werden soll. Diese Person müssen wir dann daraufhin einschätzen, welche kompetenz- und vor allem motivationsrelevanten Merkmale sie in welchen Ausprägungen mitbringt, um in dieser oder jener Tätigkeit zufrieden und erfolgreich zu werden. *Gesucht wird also die zur Person „passende"*

---

[4] detailliert zu Person-Environment Fit: Kristof-Brown & Guay, 2011

Situation (Beruf, Funktion, Stelle, Tätigkeit etc.), d. h. die Antwort auf die Frage, welche Situationsbedingungen für eine gegebene Persönlichkeitsstruktur (etwa bzgl. Motivausprägungen) günstig sind.

Und schließlich gibt es meist auch Fragen zu dem *Potenzial,* das noch in den betreffenden Kandidat:innen steckt. Doch auch das Potenzial ist nur mit Bezug auf dazu passende Situationen verstehbar. *Gesucht wird dann die zum Potenzial passende Situation* (z. B. besonders herausfordernde komplexe Probleme) bzw. deren mehrere. Damit ist dieser Fall also vergleichbar mit der Personal-Platzierung (s. o.). Selbstverständlich empfiehlt es sich, auch bei der Personal-Auswahl immer schon das evtl. vorhandene weitere Potenzial von Kandidat:innen wenigstens in etwa abzuschätzen.

Trotz der unterschiedlichen Ausgangspunkte bei Auswahl, Platzierung und Potenzialabschätzung müssen für alle drei Wege der Eignungsfeststellung sowohl relevante Situationen eingeschätzt werden (siehe das Kapitel 4) als auch die dazu in Betracht gezogenen Personen (siehe das Kapitel 5).

Teil A: Die Situation (Stelle)

3 Ausgangsbasis: Klären der Stellenanforderungen

Die situativen Anforderungen einer beruflichen Funktion oder Position sind in drei Schritten (vom Allgemeinen zum Besonderen) zu ermitteln:

1. Analysen des **weiteren Umfelds** einer Stelle (Unternehmens- bzw. Organisationskultur)
2. Analysen des **engeren Umfelds** einer Stelle (Mitarbeiter, organisatorische Einbettung etc.)
3. Aufgaben- und Verantwortlichkeitsanalysen der **konkreten Stelle selbst**.

Allerdings werden diese Schritte in der Praxis nicht immer gebührend beachtet bzw. überhaupt betrieben. Die Gründe dafür sind vielfältig: hohe Belastung im operativen Arbeitsalltag, mangelnde Unterstützung von den jeweilig einstellenden Fachabteilungen, keine Verankerung in der Unternehmenskultur oder auch einfach nur ein fehlendes Bewusstsein dafür.

Indes: Genau in diesem frühen Stadium der Analyse einer Situation ist besondere Vorsicht geboten – ganz nach dem geflügelten Wort: *Menschen, die nicht genau wissen, wohin sie wollen, sollten sich nicht wundern, wenn sie falsch ankommen.* Wie die Praxis nämlich immer wieder zeigt, ist die Gefahr nicht gerade gering, Stellen aufgrund mangelnder Situationserkundung mit den falschen Kandidat:innen zu besetzen.

3.1 Ermittlung der Anforderungen des weiteren Umfelds einer Stelle (Unternehmens- bzw. Organisationskultur)

Der Begriff der Unternehmens- bzw. Organisationskultur bezog sich in seinem ursprünglichen Verständnis auf die ganze Organisation. Doch finden sich heutzutage immer mehr Unternehmen, in denen die Idee einer solchen einheitlichen Kultur nicht mehr trägt und in denen sich allenfalls noch von Bereichskulturen sprechen lässt. Kein

Wunder, gibt es doch in unterschiedlichen Bereichen und Teams auch unterschiedliche Bedarfe an Freiheitsspielräumen: so etwa in Sales bzgl. Kundennähe, in der Produktentwicklung bzgl. Organisation oder in Controlling und Finanzen bzgl. Kontrolle.

In Anlehnung an eine generelle (anthropologische) Definition von *Kultur* kann man auch von der Unternehmenskultur sagen: Sie ist ein System von Regeln und Gewohnheiten, die das Zusammenleben und Verhalten von Menschen leiten. Etwas detaillierter lässt sich sagen: „Unternehmenskultur basiert auf einem System geteilter Werte, sozialer Normen und Symbole sowie Gesinnungen, die Einfluss darauf haben, wie Teilnehmer innerhalb einer Organisation Entscheidungen treffen, wie sie handeln und fühlen, wie Führung vorgelebt wird, wie Beziehungen aussehen zu Kollegen, zu Kunden etc."[5] Die einzelnen Felder, in denen sich eine Unternehmenskultur zeigt, sind:
- Verhaltensweisen, Regeln, Rituale;
- Symbole, Arbeitsumgebung;
- Macht, Entscheidung, Verantwortung;
- Organisationsform und -prozesse;
- Zugrunde liegende Werte;
- Belohnungssysteme;
- Art der Kommunikation;
- Geschichten, die erzählt werden.[6]

Unternehmenskultur lässt sich somit als die Persönlichkeit eines Unternehmens verstehen, die sich in vielen Facetten äußert. Um solche Kulturen und Subkulturen zu verstehen, kommen als Parameter zur Situationsbeurteilung z. B. in Frage:
- Wie ist der Umgang mit Kund:innen und Lieferant:innen?
- Wie sind die Beziehungen der Mitarbeitenden untereinander?
- Wie ist das Kommunikationsverhalten generell?
- Wie ist der Kommunikationsstil zwischen Führungskräften und Mitarbeitenden?
- Wie wird geführt?
- Wie wird zusammengearbeitet (Kooperation vs. Kompetition)?
- Wie wird Durchsetzung realisiert (Einfluss vs. Macht)?
- Wie ist das kulturelle Klima innerhalb von Geschäftsbereichen oder Abteilungen?
- Wie hoch ist die Identifikation der Belegschaft mit dem Unternehmen?
- Wie hoch ist die Loyalität der Mitarbeitenden?

---

5 Grätsch & Knebel, 2020
6 Berliner Team, 2020

- Wie ist das Risikoverhalten (Eingehen kalkulierter Risiken vs. Fehlervermeidungskultur)?
- Wie ist die Motivierungskultur (Wertschätzung vs. Motivierung über Drohung und Angst)?
- Wie ausgeprägt ist eine echte Feedbackkultur?
- Wie hoch ist die Familienfreundlichkeit?
- Wie wird mit Konflikten und Fehlern umgegangen?
- Welche Rolle spielt Vertrauen vs. Misstrauen?
- Welche verdeckten Regeln gibt es?

etc.

> ⊃ **EMPFEHLUNG**
>
> Bitte schreiben Sie – angeregt durch diese Beispiele – spontan die Ihnen am ehesten erwähnenswerten Inhalte zur Beschreibung Ihrer Unternehmenskultur auf:
> Was erleben Sie als positiv, was als negativ, was ist das Besondere? (am besten fünf bis zehn Angaben dazu)

3.2 Ermittlung der Anforderungen des näheren Umfelds einer Stelle

In diesem Schritt der Analyse einer Situation müssen wir unterscheiden zwischen Situationen mit spezielleren Aufgaben in bestimmten Fachgebieten (für Professionals) und solchen mit generelleren Aufgaben im Führungs- und Managementbereich (für Führungskräfte).

Um diesbezüglichen Missverständnissen vorzubeugen: Wir betrachten in diesem Band keine Jobs mit einfacheren oder schematischen Tätigkeiten, sondern nur Positionen, die höher und hoch qualifiziertes Arbeiten erfordern (= Führungs- sowie Professional-Positionen in Unternehmen und anderen Organisationen, vom Mittel-Management an aufwärts). Gerade bei solchen Tätigkeitsfeldern empfinden entsprechende Bewerber:innen die Vorgabe von standardisierten Fragen oder anderen standardisierten Erhebungsverfahren bzgl. ihrer Arbeitsplätze allermeist als Zumutung.

3.2.1 Für Top-Fachkräfte (Professionals)

Die Beschreibung der Anforderungen einer Situation mit dominant fachspezifischen Tätigkeiten (also für Professionals bzw. Expert:innen) dürfte im ersten Schritt keine großen Schwierigkeiten bereiten: Es geht um die inhaltliche Beschreibung der Aufgaben und Tätigkeiten, die Einbindung von Professionals in die Organisationsstruktur, deren Pflichten und Verantwortlichkeiten sowie die erwünschten Arbeitsergebnisse.

Doch dürften etliche dieser Professional-Jobs in einigen Jahren verschwinden, und zwar diejenigen, die berechenbare, erfahrungsgesättigte Fähigkeiten erfordern (Übersetzer etwa oder Aktienanalysten), weil sie durch die fortschreitende KI-Technologie (Algorithmen und Automatisierung) von hoch-effizienter Sprachsoftware bzw. deep-learning-basierten Prognosewerkzeugen weit kostengünstiger ersetzt werden können. Berufe/Jobs dagegen, die enge Kontakte mit Kund:innen, Patient:innen oder Klient:innen pflegen oder solche, die Kreativität, Initiative und hohe Integrität erfordern, werden dagegen auch weiterhin kaum ersetzbar sein. „Es ist einfacher, Bänker zu ersetzen als Kellner im Restaurant", lautet eine viel zitierte Bemerkung des Historikers Yuval Noah.

Gleichwohl ändern sich die Anforderungsprofile wohl auch in diesen Jobs und damit für jede solcher Fachkarrieren. Die Halbwertszeit von technologischen Innovationen wird immer kürzer, und Entsprechendes gilt für die dann erforderlichen Qualifikationen. Auch dieser Umstand ist bei der Beschreibung der jeweiligen Situation eines Professional-Jobs nach Möglichkeit antizipierend einzubeziehen und beständig zu aktualisieren.

In jedem Fall ist eine vorgängige Analyse der Anforderungen sorgfältig zu betreiben, damit man nicht Gefahr läuft, die Stelle mit falschen Kandidat:innen zu besetzen oder „guten" Kandidat:innen die für sie falsche Stelle anzubieten.

Im weiteren Textverlauf dieses Bandes werden wir viel über Führungskräfte sprechen, über Professionals dagegen nicht immer explizit. Das hängt damit zusammen, dass von der Gesamtheit der hier getroffenen Aussagen eine nicht geringe Untermenge auch für Professionals gilt. Bis auf die erkennbar typischen Führungskräfte-Inhalte gelten die im Weiteren behandelten Punkte auch für Professionals.

3.2.2 Für Führungskräfte

Die Beschreibung der Anforderungen einer Stelle (Situation) mit Führungs- und Managementverantwortung bedarf einer eingehenderen Klärung: Führungskräfte müssen nämlich, entsprechend den Anforderungen der Situation, Aufgaben managen *und* Menschen führen. Sie müssen weithin beachtete und folgenreiche Entscheidungen treffen, müssen sich behaupten und durchsetzen sowie ihre Mitarbeiter führen und motivieren.

Die Frage, warum es überhaupt Führung gibt, beantwortete der Unternehmensberater *Reinhard Sprenger* kürzlich so:

„Weil es Konflikte gibt, Probleme, Schieflagen, Unvorhersehbares. In diesen Situationen muss Führung in den Ring steigen, den Stillstand verhindern, die Entscheidbarkeit unentscheidbarer Situationen sichern."[7]

Demgemäß und wegen der Vielfalt und Gegensätzlichkeit der meisten Führungsanforderungen (die sog. „Dilemmata der Führung", z. B. Humanität *und* Effektivität)[8], bezeichnete der Systemtheoretiker Niklas Luhmann Führungskräfte und Manager denn auch gern als „Lückenbüßer der Organisation".[9]

In solchen Funktionen spielt die Persönlichkeit einer Führungskraft (Führungsanspruch und -stil, Temperament, Motivation u. a.) eine deutlich größere Rolle als in den mehr ausführenden Tätigkeitsbereichen von Experten.

Selbstverständlich geht es auch bei Führungskräften um inhaltliche Aufgaben und Abgrenzungen des in Rede stehenden Tätigkeitsbereichs; aber darüber hinaus gilt es, den besonderen Unterschied von Management und Führung in ihrem Zusammenspiel fundierter zu verstehen und eine flexible Balance zu halten zwischen Aufgabenorientierung und Mitarbeiter:innen-Orientierung.

Führung vs. Management

Der Begriff „Führung" wird im Deutschen häufig synonym für „Management" gebraucht. Im englischen Sprachraum dagegen wird deutlicher unterschieden zwischen *leadership* und *management* bzw. zwischen *leader* und *manager*.[10] Wegen der Konnotation des Begriffs „Führer" mit der Zeit des Nationalsozialismus würden wir im Deutschen jedoch nicht von „Führer" und „Manager" sprechen, sondern lieber nur von Manager – für beides. Genau das dürfte der tiefere Grund sein für die angesprochene Gleichbedeutung (Synonymisierung) beider Begriffe in den deutschsprachigen Ländern. Dennoch wäre es auch hierzulande zweckmäßig, deutlicher zwischen Management und Führung zu unterscheiden.

---

7 Sprenger, 2019
8 Neuberger, 1995, S. 91
9 Luhmann, 1995
10 Zaleznik, 1977

Gern wird zur Illustration dieses Unterschieds der Slogan zitiert „Good managers do things right, good leaders do the right things".[11] Diese Aussage mutet zwar plakativ an, weil sie sich auf *Personen*-Typen bezieht, die es in dieser Entweder-oder-Ausschließlichkeit im Übrigen kaum geben dürfte; zumindest aber weist sie in die richtige Richtung. Präziser lassen sich die Unterschiede mit den *Funktionen* von Management und Führung bestimmen: Der fundamentale Zweck von Management ist, das Funktionieren eines laufenden Systems zu gewährleisten, der fundamentale Zweck von Führung ist es, nützliche Veränderungen herbeizuführen. Führung läuft über Menschen und Kultur, Management über Hierarchien und Systeme. Führung ist mehr informell und emotional, Management ist das, was häufig als „härter" und „kühler" wahrgenommen wird.[12]

Noch knapper formuliert *Bass* den Kern dieses Unterschieds: „To manage, the executive carries out the classic functions (planning, organizing, controlling); to lead, the executive behaves in ways that inspires and influences the behavior of others".[13] Gleichwohl: Zusammengenommen umfasst Führung kombiniert mit Management die beiden Bereiche „to lead workers *and* manage multiple tasks".

Damit ist der entscheidende Punkt getroffen, nämlich dass Führung die wesentliche Triebfeder für erfolgreichen Wandel darstellt, weniger Management, allerdings in geeigneter Mischung: Zu viel Führung ohne Management läuft Gefahr, im Chaos zu versinken, und zu viel Management ohne Führung erschöpft sich am Ende in lähmender Bürokratie. Sowohl Führung als auch Management werden also benötigt – allerdings in unterschiedlichen, von den je verschiedenen Situationen abhängigen Kombinationen.

Führung als bewusste und zielorientierte personale Einflussnahme erfordert heutzutage, neben der unumgänglichen Aufgabenorientierung, in gesteigertem Maße eine zielführende Personenorientierung, und die hat eben viel mit der Persönlichkeit des Führenden zu tun. „Ein Beispiel zu geben ist nicht die wichtigste Art, wie man andere beeinflusst. Es ist die einzige", sagte Albert Schweitzer einst. In diesem Verständnis ist Führung vor allem Motivierung. Das unterscheidet Führung von singulärem, d. h. dann schlichtem Management.[14] Aber, wie gesagt: Zusammen genommen umfasst Führung kombiniert mit Management die beiden Bereiche „to lead workers and manage multiple tasks".

---

11 Bennis & Nanus, 1985; ursprünglich von P. F. Drucker formuliert
12 Kotter, 1990
13 Bass, 1990, S. 383
14 Kehr, 2015, S. 224

Führung (samt Management) kann hierarchisch eingeordnet mit disziplinarischer Verantwortung versehen sein oder ohne eine solche z. B. bei interdisziplinären Arbeitsgruppen (task forces) erforderlich werden – was dann natürlich Auswirkungen auf die Anforderungen der jeweiligen Funktion hat.

Warum rein fachliche Qualifikationen an Bedeutung verlieren

Aus alledem folgt natürlich auch, dass unsere Management-Potenzial-Träger schon in der Ausbildung nicht mehr so dominant in Management, sondern gleichermaßen in Führung eine angemessene Entwicklung erfahren sollten, aus zwei Gründen: Erstens wächst der Anteil von Führung aufgrund des beschleunigten wirtschaftlichen Wandels auf allen Hierarchie-Ebenen. Und zweitens bilden wir junge Menschen heute leider immer noch zu sehr „wie früher" aus – nämlich für eine relativ stabile Welt, die es so nicht mehr gibt und geben wird. So lernen viele der Führungsnachwuchskräfte vor allem, wie sie mit gegenwärtigen Systemen umgehen und kleinere Anpassungen vornehmen können, weniger aber, wie größere und schnellere Veränderungen angegangen werden. Dass *alles fließt* (griechisch: „panta rhei"), wissen wir zwar schon seit der Antike von dem Philosophen Heraklit, doch *Homo sapiens* neigt bislang trotzdem dazu, eher das Gegenteil anzunehmen. Immer noch versuchen etliche der heutigen Manager:innen, substanziellen Veränderungen mit in der Vergangenheit bewährten Methoden zu begegnen.

Indes: Wegen der hohen Geschwindigkeit von Veränderungen in der Arbeitswelt, sollten Stelleninformationen nicht allzu detailliert und nicht nur für die Gegenwart, sondern entwurfsmäßig auch schon für die nähere Zukunft skizziert werden. Dementsprechend und der heutigen Zeit gemäß wird man auf starre Zuständigkeiten verzichten, denn die sog. „Stellenbeschreibung" mit klar definierten Zuordnungen ist ein Relikt des frühen 20. Jahrhunderts. Sie spiegelt alte Verhältnisse in Industrie und Verwaltung wider, Statik, ruhige Abschöpfungsmärkte etc. und stellt den Versuch dar, etwas planbar zu machen, was heute so gar nicht mehr planbar ist.[15] Inzwischen nämlich erhöht sich, wie gesagt, die Geschwindigkeit der Veränderung von Berufsbildern drastisch. Manager müssen den Rahmen ihres engeren Funktionsbereichs auch verlassen können.

Allein die Künstliche Intelligenz (KI) erschließt sich immer neue Bereiche, und das macht die heutige Zeit tatsächlich so anders als die Zeit der technischen und wirtschaftlichen Entwicklungen davor.

---

15 Sprenger, 2018c

Erweitert man seinen Horizont und blickt auf die gesamte Zivilisationsgeschichte, kann man sogar von nur drei großen disruptiven technologischen Innovationen sprechen: dem Übergang von der Jäger- und Sammlerkultur zur sesshaften Agrarkultur mit Ackerbau und Viehzucht in der Jungsteinzeit, dem Übergang zum Maschinenzeitalter auf der Grundlage fossiler Energieträger im 19. Jahrhundert und schließlich der digitalen Revolution im 21. Jahrhundert durch die Nutzung Künstlicher Intelligenz.[16] Diese wird wohl – auch durch die Weiterentwicklung der Quantencomputer („Die Neugeburt des Computers"[17]) mit ihrer enormen Schnelligkeit und ihren gigantischen Volumina bei der Verarbeitung von Daten – alles bisher Dagewesene noch einmal in den Schatten stellen.[18]

Künstliche Intelligenz aber wird derzeit noch recht zwiespältig wahrgenommen, als Feind und als Freund, wobei die Prognosen von Horrorvisionen bis zu paradiesischen Verheißungen reichen. Die Mehrheit der führenden KI-Experten ist jedoch der Meinung, dass uns die KI ein besseres und gesünderes Leben bescheren wird, sofern insbesondere auf zwei Aspekte besonderes Augenmerk gelegt wird. Dies ist an erster Stelle der Grundsatz: „Der Mensch muss Herr, die Maschine sein Knecht sein";[19] und an zweiter Stelle die Forderung, dass in der dann durch KI geprägten Wirtschaftswelt allzu große Marktkonzentrationen verhindert werden. Dazu müssen die staatlichen Gesetzgeber natürlich die regulatorischen Leitplanken setzen.

Gleichwohl befürchten nicht wenige Menschen, dass die KI ihre Arbeitsplätze vernichten werde. In der Tat wird es zwar viele der heutigen Jobs nach der angelaufenen digitalen Transformation der Arbeitswelt ziemlich sicher nicht mehr geben. Arbeitsmarktforscher gehen zwar davon aus, dass durch den Einsatz von KI in Deutschland gut zwei Millionen Jobs verschwinden werden, zugleich allerdings ebenso viele neue Arbeitsplätze vor allem im Bereich der personenbezogenen Dienstleistungen entstehen werden. Das Institute of Labor Economics (IZA) und das ZEW – Leibniz-Zentrum für Europäische Wirtschaftsforschung weisen mit Daten aus den USA von 2010 an bis 2018 sogar nach, dass „Digitalisierung und technischer Fortschritt mehr neue Arbeitsplätze schaffen als sie alte vernichten".[20] Digitalisierung wird natürlich auch weiterhin Jobs verändern, und viele Menschen werden umlernen müssen. Wir stehen erst am Anfang des zweiten Maschinenzeitalters – die meisten Jobs aber werden vermutlich nicht komplett ersetzbar,

---

16 Nida-Rümelin & Weidenfeld, 2018
17 Titelthema der WirtschaftsWoche, 3, 2020
18 Schulz, 2019
19 Nida-Rümelin & Weidenfeld, 2018; Kreye, 2018
20 Schneider, 2019

sondern nur in Teilen. Wir werden vor allem anders arbeiten – so die Autoren des Standardwerks für die Transformation der Wirtschaft durch künstliche Intelligenz und lernende Maschinen, *Brynjolfsson und McAfee* [21]. Dazu aber wird ein zügiger Ausbau bestehender Weiterbildungsstrukturen benötigt.

In diesem Zusammenhang wird von kritischen Betrachtern auch empfohlen[22], nicht nur auf den *technischen* Umbruch zu starren, sondern gleichermaßen den damit verbundenen sozialen Umbruch wahrzunehmen, nämlich die Wiedereinführung des Menschen in die Unternehmen. Und zwar über die Wiedereinführung des Kunden, der Kooperation und der Kreativität – drei wesentliche K's also, die nach langer Durststrecke endlich wieder zu ihrem Recht kommen müssen und nun auch können. Jedenfalls sollten wir optimistisch sein: Menschen waren und sind ausgesprochen kreativ beim Finden neuer Tätigkeitsfelder, in denen sie Geld verdienen können – wie wir ja schon aus früheren Erfahrungen mit branchenspezifisch disruptiven Arbeitsmarktveränderungen wissen.[23]

Wegen solcher Hyperkomplexität mit exponentiell wachsender Dynamik der In- und Um-Systeme von Unternehmungen und anderen Organisationen verlieren wir zunehmend frühere Gewissheiten: marktbezogene, technische, finanzielle, organisatorische, berufliche, personelle u. v. m. Für höher qualifizierte Mitarbeiter wie Professionals und Führungskräfte wird es zunehmend wichtiger, bei unerwarteten Situationen die jeweils adäquate Gesamt- und Detailbetrachtung anstellen zu können und flexible, schnelle und trotzdem zielführende Entscheidungen treffen zu können. Für die Personalauswahl bedeutet dies, dass entsprechend erweiterte Anforderungsprofile erfüllt werden müssen, die nicht schon bei den fachlichen Kompetenzen und der bisher gesammelten beruflichen Erfahrung halt machen, sondern auch und vor allem erfolgsrelevante persönlichkeitsbezogene Merkmale der Bewerber:innen mit einbeziehen. Das entspricht auch der Sicht von Hogan und Kaiser: „Personality predicts leadership – who we are is how we lead" (Die Persönlichkeit sagt den Führungsstil voraus – so wie wir sind, so führen wir auch.)[24] – wobei Analoges für Professionals gelten dürfte, sofern sie umfänglich in soziale Interaktionen eingebunden sind: Persönlichkeit sagt Leistung voraus.[25]

---

21 Brynjolfsson & McAfee, 2015
22 Sprenger, 2018b, S. 15 f.
23 Müller, 2008
24 Hogan & Kaiser, 2005, S. 169
25 Kholin & Blickle, 2016

> ⮕ **EMPFEHLUNG**
>
> Um eine Situationsbeschreibung zu erreichen, die auch die Zukunft mit einbezieht, können Sie sich überlegen, zu welchen bedeutenden Veränderungen für die in Rede stehende Position es in naher Zukunft kommen könnte. Notieren Sie beispielsweise, welche neuen Situationen und Verhaltensweisen damit verbunden sind*:
> 1. Zu welchem für die Position relevanten Entwicklungstrend könnte es kommen?
> 2. Welche konkrete Arbeitssituation könnte sich daraus ergeben?
> 3. Was könnte getan werden, um diese Situation erfolgreich zu bewältigen?
> 4. Was sollte auf keinen Fall getan werden?
> 5. Nennen Sie bitte einen zweiten für die Position relevanten Entwicklungstrend.
> 6. Welche konkrete Arbeitssituation könnte sich daraus ergeben?
> 7. Was könnte getan werden, um diese Situation erfolgreich zu bewältigen?
> 8. Was sollte auf keinen Fall getan werden?
>
> * Koch & Westhoff, 2012, S. A6 f.

3.3 Ermittlung der situativen Anforderungen der konkreten Stelle selbst

Um die für eine konkrete Stelle in besonderem Maße erfolgsrelevanten psychologischen Merkmale einer Person zu ermitteln, müssen wir zunächst diese Stelle, den Job also, einer Arbeitsanalyse unterziehen. Das lässt sich bei hierarchisch höheren Positionen weniger methodengestützt als vielmehr interpretativ erreichen (= qualitative Arbeitsanalyse): Dazu sollten mindestens zwei, besser mehr, erfahrene Wissensträger:innen (also Personen mit einer gewissen Expertise für den fraglichen Arbeitsplatz) herangezogen werden, die möglichst auch eine je unterschiedliche Sicht auf den betreffenden Arbeitsplatz haben. Sie sollten gute Kenntnisse und Vorstellungen über den betreffenden Arbeitsplatz (entwickelt) haben, um zu diskutieren (und evtl. zu inspizieren), was in der betreffenden beruflichen Funktion alles zu erwarten, zu bewältigen, zu verantworten und zu leisten ist; und dies, wenn möglich, auch durch Vergleiche von erfolgreichen mit eher erfolglosen Inhaber:innen gleicher oder ähnlicher Stellen. Oft lassen sich dazu auch sog. kritische Situationen *(critical incidents)* ausfindig machen, in denen Erfolglose mehr oder weniger gescheitert sind. In solchen Fällen können i. d. R. gute Informationen darüber gewonnen werden, auf Grund welcher Defizite in Verhalten und Persönlichkeit denn Erfolglose wohl gescheitert sind.

Danach ist in *Situations*begriffen zu beschreiben, welches genau die fraglichen Aufgaben und Tätigkeiten sind bzw. sein sollen, wel-

> **⊃ EMPFEHLUNG**
>
> Bitte schreiben Sie in Stichworten Ihre Antworten auf die nachfolgenden Fragen* auf:
> - Was genau sind die Ziele im betreffenden Arbeitsbereich?
> - Was sind die Aufgaben, die zu übernehmen sind?
> - Wofür ist der Stelleninhaber im Gesamtprozess (Planung und Nachbereitung) verantwortlich?
> - Welche Personen sind an seinen Aufgaben noch beteiligt (Schnittstellen) und wie?
>
> * Koch & Westhoff, 2012, S. A1 ff.

che Menschen, Werkzeuge und sonstigen Hilfsmittel vorfindlich und welche Umfeldbedingungen gegeben sind bzw. sein werden, welche organisationale Einbettung geplant ist, welche Ergebnisse gefordert werden und welche sonstigen für diese Stelle eigentümlichen Dinge, Personen oder Prozesse darüber hinaus zu berücksichtigen sind. Je inständiger eine solche Informationsbeschaffung vorgenommen wird, umso besser.

Die Resultate einer solchen Arbeitsanalyse müssen dann in Personbegriffe übersetzt werden, um zu einer möglichst umfassenden Ermittlung der personalen Anforderungen (Kompetenzen) zu kommen, die eine konkrete Stelle (Situation) an die Person der Bewerber:innen stellt. Dazu folgen wir dem Vorschlag von Heinz Schuler[26], vier Kategorien von personbezogenen Anforderungen in Augenschein zu nehmen und für diese Stelle zu prüfen:

1. Qualifikationsanforderungen (z. B. Kenntnisse und Fertigkeiten),
2. Verhaltensanforderungen (z. B. Fertigkeiten und Gewohnheiten),
3. Eigenschaftsanforderungen (z. B. Fähigkeiten, Interessen und Motive),
4. Ergebnisanforderungen (z. B. Qualitätsstandards und Problemlösungen).

Diese vier Kategorien ziehen wir heran, um Fragen wie „Was alles braucht der Job", „Was ist unumgänglich", „Wo könnten wir Abstriche machen und wo keinesfalls" etc. genauer zu beantworten. Ziel ist die Bestimmung der zur Job-Bewältigung erforderlichen, psychologisch beschreibbaren Personmerkmale.

Dazu kann es hilfreich sein, Anregungen zum Finden von beruflich relevanten überfachlichen Anforderungen auch aus entsprechenden forschungsbasierten Inventaren zu gewinnen.[27]

---

26 Schuler, 2014, S. 63 f.
27 etwa aus dem BIP-AM von Hossiep & Weiß, 2020

> **◯ EMPFEHLUNG**
>
> Bitte schreiben Sie zügig in Stichworten alles auf, was Ihnen an Personmerkmalen (ruhig auch umgangssprachlich) spontan einfällt, von denen Sie glauben, dass sie bei dieser konkreten Stelle von besonderem Einfluss auf die erfolgreiche Arbeit des Positionsinhabers sind.

Dazu ein Beispiel:

Situation	Person
Stellenanforderungen	*resultierende Einzel-Kompetenzen*
1. „Gesamt-Strategie anpassen"	→ A: Helicopter-View (u. a.)
2. „Widerstände gegen Veränderungen überwinden"	→ B: Überzeugen und Durchsetzen (u. a.)
3. „Verkaufszahlen deutlich erhöhen"	→ C: Kooperation und Teamfähigkeit (u. a.)
etc.	

Aus den Anforderungen einer gegebenen Situation, den *Stellenanforderungen,* z. B. Gesamt-Strategie anpassen, Widerstände der Mitarbeiter gegen Veränderungen überwinden, Verkaufszahlen deutlich erhöhen etc., werden dann die erforderlichen Person-Merkmale (Einzel-Kompetenzen), z. B. Helicopter-View, Überzeugen und Durchsetzen, Kooperation und Teamfähigkeit abgeleitet und mit den gewünschten Ausprägungsgraden (schwach, mittel, stark) festgelegt.

Wie solche Merkmale für einen in Rede stehenden Job auch noch mit einem anderen Zugang ergänzt werden können, werden wir am Ende des folgenden Kapitels (Abschnitt 4.3 *So ermitteln Sie die relevanten Einzel-Kompetenzen für eine spezifische Situation*) behandeln. Doch zuvor sind noch einige generelle Ausführungen zur Einschätzung von Personen erforderlich, die Ihnen bei Ihrer Beurteilung helfen werden.

Teil B:
Die Person (Kandidat:in)

4 Von der Situation zur Person: So ermitteln Sie die situationsrelevanten Persönlichkeitsmerkmale zur Beurteilung von Kandidat:innen

Wenn man die Situation einer in Rede stehenden Stelle und deren zu vermutende künftige Veränderung gut verstanden und skizziert hat, muss vor jeder weiteren Befassung mit Bewerbenden natürlich einerseits geprüft werden, ob sie die von der jetzigen und späteren beruflichen Situation geforderten fachlichen Qualifikationsanforderungen (= Fachkompetenzen) mitbringen, die für die Joberfüllung im engeren Rahmen notwendig sind bzw. sein werden; und andererseits, ob sie wenigstens einigermaßen zur Unternehmenskultur passen (= Kompatibilität des Wertesystems der Person mit demjenigen der Organisation).

Die erstgenannte Prüfung basiert im Wesentlichen auf der Auswertung der Bewerbungsunterlagen und gegebenenfalls zusätzlich auf dem Einholen noch fehlender Informationen. Diese Auswertung kann vorab entsprechend der abgestimmten Kriterien bewerkstelligt werden.[28] Das gilt auch für Fälle, in denen aus besonderen Gründen Quereinsteiger:innen willkommen sind, oder wenn jemand von einer Stabs- in eine Linienfunktion wechseln und mehrere Personen führen soll.

Der zweitgenannten Prüfung (Passung zur Unternehmens-/Bereichskultur) dient eine Verträglichkeitsdiagnose: Personen, die in einer bestimmten Unternehmens-/Bereichskultur quasi immunologische Abstoßungsreaktionen auslösen würden, wären eine zu große Belastung für diese Kultur. Das ist nur dadurch zu prüfen, dass man Kandidat:innen auch persönlich erlebt hat, etwa in einer ersten

---

28 siehe z. B. Schuler, 2018b, S. 258–260

Kontakt-Begegnung, am besten in der eigenen Organisation. Allerdings sollte ein „culture fit" immer auch ein gewisses „culture add" zulassen, denn in der Weise wie eine Organisation sich ändert oder wächst, braucht sie auch Individuen, die die Kultur erweitern, nicht nur aufrechterhalten. Eine zu einseitige Auswahl nach dem Prinzip der Selbstähnlichkeit hat nämlich in so manchem Unternehmen eine Art Monokultur und Stromlinienförmigkeit hinterlassen.

Gleichwohl: Drastische Fälle mangelnder Passung von Kandidat:innen zur Unternehmenskultur sollten uns eine Warnung sein; Beispiele dazu finden sich u. a. bei bisherigen Konzernmanager:innen, die an die Spitze mittelständischer Firmen gewechselt sind. Berater:innen schätzen, dass weit mehr als die Hälfte solcher Experimente missglückt: Diese Leute „scheitern oft krachend in ihrem neuen Job. Häufigster Grund: Ihnen fehlt es an Demut und Sensibilität".[29] Auch im Fall, dass Manager:innen bei einem Jobwechsel Gehalt und Prestige wichtiger sind als die Frage, ob sie wirklich in die Unternehmung passen, ist deren Scheitern keine Ausnahme.[30] Und für das oberste Management ist gar festzustellen, dass im deutschsprachigen Raum in den letzten Jahren durchschnittlich ein Viertel aller Vorstandswechsel vorzeitig und unfreiwillig stattgefunden hat – mit steigender Tendenz.[31]

Die nach der ersten und zweiten Prüfung (Vorauswahlstufe) nicht in Frage kommenden Bewerbenden werden logischerweise gar nicht erst zu einem Auswahl-Interview eingeladen. Für die verbleibenden Kandidat:innen aber gilt es dann herauszufinden, ob sie nicht nur im Groben, sondern auch in subtileren Details zur Organisation passen, und ob sie über die Erfüllung der beruflich-fachlichen Kompetenzen hinaus auch die detaillierter zur konkreten Stelle erforderlichen psychologischen Kompetenzen (kognitiver, emotional-motivationaler und sozialer Art) mitbringen. Dazu dient in der Regel ein Eignungsinterview mit den Kandidat:innen, in dem wir die für diesen Job relevanten Eignungsindikatoren bei ihnen prüfen. Denn schließlich gibt es hinreichend empirisch gestützte Erkenntnisse, dass von der Gesamtheit nicht gelingender Arbeitsverhältnisse (Trennungen) weit über die Hälfte auf mangelnde Passung der Persönlichkeit der Jobinhaber:innen zu den organisatorischen, personellen und aufgabenbezogenen Anforderungen (also der Situation) zurückzuführen ist. Insbesondere gilt dies für Führungsfunktionen: Führungsverhalten in gegebener Position hängt – wie wir oben schon erwähnt haben und

---

29 Schwarzer, 2019, S. 74
30 Kanning, 2020
31 PwC Strategy&, 2019

immer wieder beobachten können – sehr stark von der Persönlichkeit der Positionsinhaber:innen ab.[32]

In der heutigen Management-Praxis aber steigen Manager:innen immer noch hauptsächlich auf Basis ihrer bisherigen Leistungen und berufsfachlichen Kompetenzen auf. Das allein schon deshalb, weil diese sich viel leichter einschätzen lassen als die nicht ohne weiteres erkenn- und verstehbare Persönlichkeitsstruktur: ob sie nämlich für die in Rede stehende Position funktional oder dysfunktional ist. Glücklicherweise lässt sich dies inzwischen *vor* einer Entscheidung durchaus besser als nur ungefähr ermitteln.

4.1 Hintergrund: Welche sind die Eignungsindikatoren?

Die altbekannten Fragen bei Problemen der Eignung von Kandidat:innen sind zwar geblieben – so etwa:
- Warum sind die einen Mitarbeiter:innen erfolgreich und versagen die anderen, obwohl sich die Bedingungen nicht unterscheiden?
- Warum stellen sich manche Menschen herausfordernden Aufgaben, drängen nach Führung und einer verantwortungsvollen Position, weisen andere dagegen so etwas von sich oder bleiben ewig unentschlossen?
- Warum strahlen einige Menschen Erfolg und Erfolgszuversicht aus und wirken andere geradezu wie geborene Verlierer?
- Warum werden bestimmte Menschen, ohne Spezialisten zu sein, um Rat gebeten?
- Warum gehen die einen aus einer Krise gestärkt hervor, zerbrechen aber andere daran?
- Warum wagen die einen auch nach Niederlagen immer wieder einen Neubeginn, verzagen aber wiederum die anderen und geben auf?[33]

Doch die heutigen Antworten auf solche Fragen sind ungleich erhellender als die früheren. Tatsächlich haben noch bis in die 1990er Jahre hinein nicht wenige Wissenschaftler bezweifelt, dass es außer den beruflich-fachlichen Erfahrungen und Kompetenzen überhaupt psychologische Merkmale der Person gibt, die in der Lage wären, zu einer substantiell besseren Vorhersage von Arbeitsverhalten beizutragen. Inzwischen jedoch ist man aufgrund der seit damals erzielten Forschungsbefunde davon deutlich abgerückt.[34] In den letzten Jahrzehn-

---
32 Kholin & Blickle, 2016
33 Kliem, 1989, S. 23
34 Sarges, 2013, S. 1–21

ten nämlich sind viele Persönlichkeitsmerkmale identifiziert worden, die – je nach Situation – Relevanz für die Vorhersage beruflichen Verhaltens haben bzw. haben können.

4.1.1 Viel zu oft viel zu wenig berücksichtigt: die Motivation

Wenn man die alltagspsychologisch plausible Gleichung „Leistung ist Können mal Wollen" (L = K × W) heranzieht, so fällt auf, dass bei den nachfolgend erwähnten Vorhersagefaktoren zwar Variablen des Könnensbereichs (K), nämlich bestimmte kognitive und sozial-interaktive Merkmale vorkommen, kaum aber solche zum Wollensbereich (W), der Motivation also. Wie es schon *D. Chan* formuliert hat: „Employee selection has focused much on cognitive ability and personality constructs but paid relatively little explicit attention to motivational constructs" (Bewerberauswahl hat sich sehr auf kognitive Fähigkeiten und Persönlichkeitsmerkmale konzentriert, aber dabei relativ selten auch Motivationskonstrukte einbezogen).[35] Noch 2007 findet sich in einem von renommierten Wissenschaftlern herausgegebenen Handbuch der Arbeits- und Organisationspsychologie die Text-Passage: „Personenbezogene Diagnostik beschäftigt sich im Wesentlichen mit Fähigkeiten, Fertigkeiten, Einstellungen und Wahrnehmungen der einzelnen Organisationsmitglieder".[36] Motivation als Begriff findet dort noch nicht einmal Erwähnung, obwohl ja Motivation menschliches Verhalten überhaupt erst initiiert und dann zielbezogen antreibt. Alles andere, also die diversen, damit verbundenen kognitiven und sozial-interaktiven Bemühungen sowie Kenntnisse und Fertigkeiten bleiben *Instrumente* zur Realisierung von Zielen und spielen damit „lediglich" eine dienende Rolle.

Diese mangelnde Bedeutsamkeitseinschätzung von Motivation in der Wissenschaft ist verwunderlich. Denn schon die prominenten Forscher Atkinson (1978) und – eine Dekade später – McClelland (1987) haben darauf hingewiesen, dass der Wollensbereich (W) eine oft noch größere Rolle für die berufliche Leistung (L) bei Führungskräften spielen dürfte als der Könnensbereich (K). Für Führungsfunktionen kann davon ausgegangen werden, dass es mit aufsteigender Position immer schwieriger wird, konkrete erfolgssichernde Könnens-Faktoren im Einzelnen zu definieren (Manager als „Lückenbüßer der Organisation", s. o.), zum anderen werden Wollens-Faktoren offenbar umso bedeutsamer, je autonomer der Stelleninhaber über das „Was" und „Wie" seiner Aktivitäten entscheiden kann.[37]

---

35 Chan, 2010, S. 328
36 Kleinmann, König & Melchers, 2007, S. 729
37 Krug & Rheinberg, 1987, Sp. 1511

Immerhin, in jüngerer Zeit gehören die Psychologen *Heinz Schuler* und *Jörg Felfe* zu den wenigen rühmlichen Ausnahmen in der Forschung, die sich intensiv mit dem Thema Motivation befasst haben:
- *Schuler* mit seinen ausgedehnten Untersuchungen zur Leistungsmotivation, die er konzeptionell erweitert im Sinne einer „Ausrichtung großer Anteile der Persönlichkeit auf die Leistungsthematik" – nicht ohne pointiert darauf hinzuweisen, dass Leistungsmotivation praktisch in allen Berufen ein wesentlicher Erfolgsprädiktor ist, ganz ähnlich wie Intelligenz[38] (s. u.).
- *Felfe* mit seinem ausdifferenzierten und empirisch überprüften Konstrukt der *Führungsmotivation,* das sich insbesondere zur Berufsberatung, Karriereplanung und zur Führungskräfte-Entwicklung eignet.[39]

> „Motivation initiiert und steuert menschliches Verhalten. Natürlich sind auch Rahmenbedingungen und Kompetenzen wichtig, der ausschlaggebende personale Faktor (für das Erreichen von Zielen) ist jedoch die Motivation."[40]

Diese große Bedeutung der Motivation wird nun nicht nur im Mainstream der psychologischen Forschung nach wie vor zu wenig beachtet und damit unterschätzt, sondern auch in der heutigen Praxis der Personalarbeit (HR). Grund dafür könnte sein, dass nicht wenige Organisationspraktiker unreflektiert annehmen: Wer Talente, Fähigkeiten, Fertigkeiten, faktisches Wissen, Erfahrung etc. in einem positiven Ausmaß besitzt, wird diese Gaben in aller Regel auch wirksam einsetzen wollen. Doch das ist beileibe kein Automatismus. Schon aus der Hochbegabtenforschung ist hinreichend bekannt, dass selbst exzellente Fähigkeiten (Könnensfaktoren) nichts bewirken, wenn nicht ein stark ausgeprägter Leistungs- und Gestaltungswille (Wollensfaktoren) dazukommt. Die Motivation der Bewerbenden (manchmal im angloamerikanischen Bereich auch *drive* oder *ambition* genannt), warum sie sich für einen Job oder eine bestimmte Position interessieren und was sie am Ende antreibt, bleibt nach wie vor ein vorrangig aufzuklärender Punkt. Das sieht z. B. auch Sigrid Nikutta (Mitglied des Vorstands der Deutschen Bahn) so: „Menschen machen Unternehmen erfolgreich. Da hilft es enorm, die Menschen und ihre Motive zu verstehen."

Glücklicherweise scheint diese Sicht der Dinge allmählich auch in der breiteren HR-Praxis anzukommen: *Motivation in der agilen Arbeitswelt: Wie sich Anreizsysteme verändern* lautet ein Titel-Bouquet in der

---

38 Schuler, 2018a
39 Felfe et al., 2012
40 Felfe & Gatzka, 2013; Gatzka & Felfe, 2015, S. 381

Zeitschrift *„changement!"*. „Während man sich früher in klassischen Konzernen noch den Kopf darüber zerbrach, wie man mit raffinierten Ziel-, Anreiz- und Beurteilungssystemen das Letzte aus den Menschen herausholt, hat sich die Diskussion rund um die Motivation gedreht. Immer mehr Entscheidungsträger verstehen, dass Menschen vor allem dann motiviert sind und Lust haben zu arbeiten, wenn sie einen Sinn sehen in dem, was sie tun, und wenn sie die Möglichkeit bekommen, mitzugestalten, sich mit ihren Stärken einzubringen und ihr Potenzial zu nutzen." [41] Umso genauer müssen wir bei Bewerbenden herausfinden, welche spezifischen Motivationsstrukturen sie mitbringen, um sie auch passend weiterentwickeln und platzieren zu können [42] – dazu später mehr.

All das soll nun nicht bedeuten, dass bei höherrangigen Kandidat:innen nur noch deren Motive (Wollensfaktoren) in den Blick genommen werden sollten. Ihre Fähigkeiten/Fertigkeiten (Könnensfaktoren) sind natürlich gleichermaßen wichtig bzw. in manchem Einzelfall sogar noch wichtiger. Sie sind aber i. d. R. leichter zu explorieren. Die Zielsetzung derartiger qualitativer Explorationen ist die verstehende und interpretierende Analyse von Aussagen, die von den jeweilig Interviewten produziert werden (ausführlich dazu weiter unten in 5.2).

Gleichwohl: Neben dem inzwischen ernster genommenen Sektor der Wollensfaktoren gilt es natürlich, auch solche Personmerkmale zu finden, die als Könnensfaktoren auf den Berufserfolg von Mitarbeitern nachgewiesenermaßen einen starken Einfluss haben.

4.1.2 *Generelle* Vorhersagefaktoren (Prädiktoren) für beruflichen Erfolg

In über 50 Jahren Forschung zu Persönlichkeitsmerkmalen und deren Zusammenhang mit dem Zielkriterium „beruflicher Erfolg" hat sich herausgestellt, dass sich generell, also über die meisten gehobenen und anspruchsvolleren beruflichen Tätigkeiten und damit auch für Führungskräfte und Professionals, das kognitive Leistungsmerkmal *Allgemeine Intelligenz* (in der Praxis häufig auch als *Lernfähigkeit* bezeichnet) als der beste Vorhersagefaktor für Berufserfolg erwiesen hat.[43] Zusätzlich auch, wenngleich nicht ganz so prägnant, das Persönlichkeitsmerkmal *Gewissenhaftigkeit*.[44] Das heißt also: Kandidat:innen mit höheren Ausprägungen in Intelligenz sowie in Gewissenhaftigkeit

---

41 Weilbacher, 2019, S. 1; Sprenger, 2014
42 Felfe et al., 2012
43 Kramer, 2009; Schmidt et al., 2016
44 Barrick, Mount & Judge, 2001

werden im Durchschnitt leistungsfähiger sein als Menschen mit niedrigeren Ausprägungen in diesen beiden Merkmalen.

Zur inhaltlichen Beschreibung dieser Merkmale:

Gemeinsamer Kern praktisch aller Konzepte der Intelligenzmessung ist die Qualität und Geschwindigkeit der Lösung neuartiger (also nicht routinebestimmter) Aufgaben mittels kognitiver Fähigkeiten.[45] Oder detaillierter: *Intelligente* Menschen können sich schnell und effektiv deklaratives (= Sach-)Wissen und prozedurales (= Handlungs-)Wissen aneignen und setzen dieses Wissen in variierenden Situationen zur Lösung individuell neuer Probleme adäquat ein. Sie lernen rasch aus den dabei gemachten Erfahrungen und sind in der Lage zu erkennen, auf welche neuen Situationen bzw. Problemstellungen die gewonnenen Erkenntnisse übertragbar sind (Generalisierung) und auf welche nicht (Differenzierung).[46] Kognitive Fähigkeiten werden naheliegender und nachgewiesener Weise umso bedeutsamer für die Leistungsprognose, je komplexer ein Tätigkeitsbereich ist. Zumindest in diesen Fällen wird die Intelligenz von keinem anderen psychologischen Merkmal in der Vorhersagekraft von Leistung übertroffen.[47]

Gewissenhafte Menschen lieben die Ordnung, sind selbstdiszipliniert, pflichtbewusst und pünktlich, gehen bei der Bearbeitung von Aufgaben strukturiert vor, beachten die vorgeschriebenen Regeln, erledigen übergetragene Aufgaben besonnen und zuverlässig, haben einen hohen Qualitätsanspruch an die Arbeit und eine starke Leistungsmotivation, bringen überdurchschnittlichen Einsatz und überprüfen die Richtigkeit ihrer Arbeit regelmäßig.[48] Diese vielfältigen Facetten lassen sich zu zwei globaleren Begriffen bündeln: *Fleiß* (hartes Arbeiten, Vermeiden von Ablenkungen, Zuverlässigkeit) und *Ordentlichkeit* (Organisiertheit, Methodismus und Vorsichtigkeit).[49] Übrigens: Inhaltlich eng verwandt mit Gewissenhaftigkeit ist das oftmals sehr wichtige Merkmal *Integrität*: Ein integrer Mensch ist für sein Umfeld vertrauenswürdig und hält sich an Regeln und gesellschaftliche Normen.

Intelligenz und Gewissenhaftigkeit sind, wie gesagt, ganz generell, d. h. für viele Berufe zumindest der gehobenen Art, eine notwendige Bedingung für die Vorhersage des Leistungserfolgs, und damit auch

---

45 Schuler, 2018b, S. 181
46 Rost, 2009
47 Chamorro-Premuzic & Furnham, 2010, S. 122
48 Dilchert & Ones, 2013; Mussel, 2012; Kholin & Blickle, 2016
49 DeYoung et al., 2007; Dudley et al., 2006

für Personen in Führungs- und Management-Positionen sowie in Experten-Funktionen. Hinreichend sind sie allerdings nicht.

Ein weiteres Persönlichkeitsmerkmal, das eine signifikante Vorhersagekraft für berufliche Leistung besitzt, ist *Extraversion*, jedoch nicht generell, sondern vorwiegend bei Situationen, in denen soziale Interaktionen im beruflichen Alltag besonders relevant sind, wie z. B. bei Führung oder bei Service und Verkauf.[50] *Extravertierte* Menschen besitzen eine nach außen gerichtete, umgängliche Haltung und empfinden den Austausch und das Handeln innerhalb sozialer Gruppen als anregend. Die folgende Auflistung von alltagssprachlichen Verhaltens- und Erlebensfacetten ist typisch für den breiten psychologischen Eigenschaftsbegriff der *Extraversion*: kontaktfreudig, gesprächig, gesellig, herzlich, erlebnisfreudig, aktiv, energisch, entscheidungsfreudig, dominant.[51] Diese diversen Facetten lassen sich auch wieder zu zwei übergeordneten Begriffen bündeln: *Begeisterung* (positive Gefühle und Umgänglichkeit) sowie *Selbstbehauptung* (Antrieb und Durchsetzung)[52]. *Extraversion* ist korreliert mit der Größe des sozialen Netzwerks, positiver Stimmung, Führungsqualität und erfolgreichen Kundenkontakten[53] – im Detail dazu weiter unten in Abschnitt 5.6.2.

Mit Bezug auf dieses Dreigestirn von Intelligenz, Gewissenhaftigkeit und Extraversion lässt sich sagen, dass positive Ausprägungen auf den ersten beiden Merkmalen (Intelligenz und Gewissenhaftigkeit) notwendige Bedingungen sowohl für Professional- wie Führungsfunktionen darstellen. Und zusammen mit den Ausprägungen auf dem Persönlichkeitsmerkmal Extraversion ergäbe sich schon einmal eine erste aufschlussreiche Vorhersage für eine generelle Führungseignung einer Person, nämlich in situativen Umfeldern mit reger sozialer Interaktion. Zur Eignungsprüfung für eine ganz konkrete Führungsposition aber bedarf es noch weiterer Prüfschritte. Denn die obigen drei Merkmale allein sind für ganz spezifische Führungsfunktionen nicht ohne weiteres hinreichend.

4.1.3 *Spezifische* Prädiktoren für beruflichen Erfolg

Hinzukommen müssen nämlich noch weitere differenzierende Merkmale, die von dem Umfeld abhängen, in dem eine Führungskraft wirken soll; d. h. von der Branche, dem funktionalen Bereich, der Hierarchiestufe, der Organisationskultur, der Unternehmensstrategie etc. Zum Beispiel: Eine erfolgreiche Marketingmanagerin etwa, die

---

50 Asendorpf, 2013
51 Dilchert & Ones, 2013; Mussel, 2012; Kholin & Blickle, 2016
52 DeYoung et al., 2007
53 Asendorpf, 2013

gerne aktionsorientiert nach der Maxime „try it, do it, fix it" handelt, wird auf gleichem hierarchischem Niveau als Stabsmanagerin für die Konzernstrategie in der Regel weniger tauglich sein, ebenso wenig wie ein erfolgreicher Produktionsmanager aus einem „rauem" Umfeld im „feineren" Finanzmanagement.

Für derartige spezifische Situationen gibt es verständlicher Weise kein homogenes Anforderungsprofil: Je nach Bereich (Wirtschaft, Militär, Politik, Bildung oder Kultur), hierarchischer Position (z. B. Meister:in vs. Geschäftsführer:in), Ressort/Funktion (z. B. Produktion vs. Vertrieb), Branche (z. B. Handel vs. Industrie), Unternehmensgröße (z. B. Mittelstand vs. Konzern), Entwicklungsphase (z. B. Pionierunternehmen vs. reife „Bürokratie"), Technologie (z. B. Pharma vs. Dachziegelherstellung) etc. werden unterschiedliche Gewichte der obigen generellen Eignungsprädiktoren und zusätzlich spezifische Anforderungen der besonderen Situation (Stelle) eine Rolle spielen.

Nach Feststellung einer generellen Führungs- bzw. Professional-Eignung muss also noch ein „Feintuning" für die konkrete Situation (Stelle) betrieben werden. Das heißt, es müssen die Besonderheiten der situativen Anforderungen und die dafür weiter notwendigen Persönlichkeitsvoraussetzungen spezifiziert werden. Solche und andere Personmerkmale werden heutzutage gern als *Kompetenzen* bezeichnet.

4.2 Das Kompetenzmodell der Führungseignung: Ihre Landkarte zur Einschätzung

4.2.1 Kompetenzen und Kompetenzlisten: eine kurze Einführung

Im ursprünglichen Sprachgebrauch besitzt der Kompetenzbegriff zwei verschiedene Bedeutungen, eine des Dürfens und eine des Könnens. Mit *Dürfen* ist eine mehr juristische im Sinne von Erlaubnis/Recht gemeint, also: „die Kompetenz ... haben = die Berechtigung zu/für ... besitzen", mit *Können* eine handlungsbezogene im Sinne von Befähigung, nämlich in der Lage sein, z. B.: „eine große fachliche (bzw. wissenschaftliche oder soziale) Kompetenz besitzen". Wir betrachten hier lediglich die zweite Bedeutung und definieren:

> *„Eine Kompetenz ist ein Set (= Mix) von Fähigkeiten, Fertigkeiten und anderen Merkmalen, welches substantiell und ursächlich dazu beiträgt, dass eine Führungskraft (bzw. ein Professional) in der Lage ist, komplexe Situationen im Beruf effektiv zu bewältigen."* [54]

---

54 Krumm, Mertin & Dries, 2012, S. 3

Kompetenzen, die uns hier interessieren, müssen also (kausale) Zusammenhänge mit beruflicher Leistung entweder aufweisen oder versprechen.

Diese Mischung von kompetenzbezogenen Merkmalen muss allerdings für jede zu besetzende Stelle (berufliche Situation) passgenau zusammengestellt werden. Dazu nehmen viele Firmen Bezug auf sog. Kompetenz-Listen (auch Kompetenz-Modelle genannt). In solchen Modellen finden sich die Anforderungen eines Unternehmens an seine höheren Führungskräfte und Professionals. Sie sollen beschreiben, welche Fähigkeiten, Fertigkeiten, Eigenschaften, Einstellungen etc. in überdurchschnittlicher Ausprägung eine Person mitbringen sollte, um nicht nur mittelmäßig, sondern in besonderem Maße zum Erfolg des Unternehmens beizutragen. Meistens wählen die Firmen aus der gesamten Liste der Kompetenzen die ihrer Meinung nach für eine definierte Stelle besonders relevanten aus.

Als Beispiele mögen die folgenden drei Kompetenzlisten dienen (s. Tabelle 1), die von etablierten Beratungsfirmen stammen: Personnel Decisions International (PDI), Center for Creative Leadership (CCL) und Development Dimensions International (DDI); sie enthalten generelle Einzel-Kompetenzen für die diversen gehobenen Positionen, die in dieser Form oder weiter ergänzt bzw. modifiziert interessierten Firmen zur Nutzung angeboten werden.

Beispielsweise könnten für eine Stelle XY die folgenden sechs Einzel-Kompetenzen aus dem Profiler von PDI (Tabelle 1, linke Spalte) für besonders relevant identifiziert werden: *listen to others, establish plans, manage conflict, drive for results, lead courageously, use financial acumen*. Erfahrungsgemäß können ohnehin kaum mehr als sechs bis acht Einzel-Kompetenzen während eines etwa 60- bis 90-minütigen Interviews fokussiert im Auge behalten werden.[55] Aber diesen ausgewählten Kompetenzen kann dann im Interview gesteigerte Beachtung geschenkt werden für das Suchen entsprechender Eignungsindikatoren sowie das explorative, erzählgenerierende Nachfragen und das Bewerten der Antworten von Kandidat:innen.

Weitere solcher Listen finden sich etwa bei *Hogan und Kaiser*[56] oder in Inventaren zu sog. 360°-Beurteilungen.[57] Ansonsten „basteln" sich nicht wenige Firmen (vorwiegend Großunternehmen) aus derartigen leicht zugänglichen Listen ihre eigenen, für ihr Unternehmen und bestimmte Positionen als spezifisch deklarierten Kompetenzmodelle.[58] All solche Modelle enthalten jeweils Einzel-Kompetenzen unterschied-

---

55 Kahnemann, 2014, S. 285
56 Hogan & Kaiser, 2005, S. 173
57 Krumm, Mertin & Dries, 2012; Leslie, 2013
58 Weinert, 2020

Tabelle 1: Beispiele geschäftlicher Kompetenzlisten (Kaiser & Curphy, 2014, S. 29)

Profiler (PDI)	Benchmarks (CCL)	Leadership mirror (DDI)
Think strategically	Strategic perspective	Coaching
Analyze issues	Being a quick study	Decision making
Use sound judgement	Decisiveness	Delegating
Apply technical/functionel expertise	Change management	Gaining commitment
Use financial acumen	Leading employees	Driving for results
Establish plans	Confronting problem employees	Change leadership
Drive execution	Participative management	Etablishing strategic direction
Manage change	Building collaborative relationship	Executive disposition
Drive for results		Selling the vision
Lead courageously	Compassion and sensibility	
Influence others	Putting people at ease	
Coach and develop	Respect for differences	
Engage and inspire	Taking initiative	
Foster collaboration	Composure	
Build relationship	Balance between personal and work life	
Manage conflict		
Foster open communication	Self-awareness	
Listen to others	Career management	
Inspire trust		
Demonstrate adaptability		

licher Art: Mal ist eine psychologische Eigenschaftsfacette der Inhalt (z. B. *taking initiative*), mal eine Management-Funktion (z. B. *establish plans*) und mal ein ganzes Bündel von Eigenschaften (z. B. *executive disposition*). Immerhin sind solche Listen hilfreich dabei, eine gezieltere Auswahl von stellenrelevanten Aufgabenbereichen und danach benannten Einzel-Kompetenzen zu treffen – denn selbstverständlich sind nicht alle der Einzel-Kompetenzen eines solchen Modells für einen spezifischen Job gleichermaßen relevant.

Wann Kompetenzlisten sinnfrei werden

Darüber jedoch, was genau Kandidat:innen mitbringen müssen, um eine erforderliche Befähigung, wie etwa die Kompetenz für den Aufgabenbereich *Führen und Entscheiden* zu besitzen, ist oft nichts ausgesagt. Kompetenzen in solchen Listen bleiben dann nur benennend (deskriptiv), nämlich dafür, *was* zu tun ist (z. B. *Führen und Entscheiden*) – sie sagen aber nichts Ursächliches (Kausales) darüber aus, *womit* ein:e Bewerber:in dieses „Was" erzielen kann.

Solange man in dieser Begrifflichkeit unpräzise bleibt – was in der HR-Praxis leider gar nicht so selten vorkommt –, gerät man in „eine logisch sinnfreie Zirkularität, wo das Angestrebte zum Erklärenden seiner selbst erhoben wird."[59] Wir wollen jedoch wissen, was Bewerber:innen mitbringen oder können müssen, also welche Fähigkeiten (z. B. Intelligenz), Fertigkeiten (z. B. eine bestimmte Fremdsprache), Kenntnisse und Erfahrungen (z. B. Marketing), Persönlichkeitseigenschaften (z. B. Durchsetzungsvermögen) etc. Letztlich geht es darum, welche personalen Faktoren im Besonderen und in welcher Ausprägung (schwach, mittel, stark) mitgebracht werden müssten, um das angestrebte Zielverhalten in dieser oder jener Einzel-Kompetenz (etwa *Interagieren* und *Präsentieren*) in gewünschter Güte überhaupt zeigen zu können. Und diesbezüglich führt schließlich kein Weg daran vorbei, die relevanten Personmerkmale aus den Situationsmerkmalen der konkreten Stelle abzuleiten.

4.2.2 Das erweiterte Modell: Kompetenzen der Führungseignung

Um den o. g. Defiziten zu begegnen, schlage ich ein erweitertes Modell der *Kompetenzen der Führungseignung* (bzw. *Professional-Eignung*) vor, welches ich nachfolgend darstellen möchte. Es orientiert sich weniger an der Nennung gewünschten Verhaltens als an dessen Erreichung, d. h. an Personvariablen, die die erfolgreiche Erledigung von Aufgaben bzw. das Produzieren des gewünschten Verhaltens ermöglichen. Dieses Modell ist differenzierter und an psychologisch begründeten Ursachen-Konzepten orientiert (z. B. an Eigenschaften und Verhaltensweisen wie „Gewissenhaftigkeit", „Extraversion–Introversion" oder „Analytisches Denken") und auch entsprechend gegliedert. Methodisch gesehen verfolgen wir damit natürlich einen eigenschaftsbezogenen Ansatz, der solche Persönlichkeitseigenschaften bzw. Eignungsindikatoren heranzieht, für die jeweils ein Zusammenhang mit Kriterien des Berufserfolgs bei Führungskräften und Professionals forschungsbasiert nachgewiesen wurde oder sachlogisch anzunehmen ist.[60]

Das Modell *Kompetenzen der Führungseignung* ist stärker strukturiert als die gängigen Kompetenzmodelle (wie z. B. diejenigen in Tabelle 1): Es ist gegliedert in vier *Kompetenz-Bereiche* und deckt mit fünf *Einzel-Kompetenzen* pro Bereich insgesamt eine größere Spannbreite der Kompetenz-Inhalte ab als andere Modelle. In den vier Bereichen umfasst es insgesamt 20 grundsätzlich für gehobene Führungs- und (auch für viele) Professional-Positionen taugliche Einzel-Kompeten-

---

59 Schuler, 2014, S. 143
60 Sarges, 2013, S. 201–513

zen.[61] Tauglich meint hier: mit prognostischem Potenzial für die Einschätzung von Leistung und Zufriedenheit von Kandidat:innen in den jeweiligen Situationen.

Das Modell wurde über mehr als drei Jahrzehnte entwickelt, angepasst und verfeinert, und zwar auf Basis von Befunden aus Wissenschaft und Forschung sowie von Praxiserfahrungen angesehener Management-Diagnostiker (u. a. von Fred W. Schmid).[62] Schmid ging davon aus, dass es ungeachtet aller Anforderungsvielfalt in den diversen Tätigkeitsbereichen von Führungs- und Professional-Jobs gewisse eignungspsychologische „Urkonstanten" gibt, gleichsam psychische Säulen, auf denen Erfolg v. a. bei höherer Führungs- und Expertenverantwortung ruht, nämlich:

- Die Säule der *Kognition:* Analytische und konzeptionelle *Problemlösungsfähigkeit,*
- Die Säule der *Motivation/Emotion:* Initiatorische und belastbare *Dynamik/Agilität*),
- Die Säule der *Sozialen Interaktion:* Anpassungs- und durchsetzungsfähiges *Kontaktvermögen.*

Dieser Betrachtung von drei Säulen habe ich mich früh angeschlossen, ihnen aber noch eine zusätzliche, inzwischen zu substantieller prognostischer Bedeutung herangewachsene vierte Säule hinzugefügt, nämlich das *Lernpotenzial* (= Lernen-Wollen und Lernen-Können) als Meta-Konpetenz sozusagen. Die vier Bereiche dieses Kompetenz-Modells sind damit:

1. *Lern-Potenzial:* Lernen-Können und Lernen-Wollen,
2. *Kognition:* geistige Fähigkeiten,
3. *Motivation und Emotion:* Antrieb,
4. *Soziale Interaktion:* Umgang mit Menschen.

Von diesen vier Bereichen behandeln wir zunächst den ersten, also die Kompetenz *Lern-Potenzial* als übergreifende Kompetenz; denn bei qualifizierteren beruflichen Funktionen wird Lern-Potenzial inzwischen als einer der bedeutsamsten Indikatoren sowohl für die Leistungsprognose als auch für die Abschätzung von weitergehendem Potenzial der Kandidat:innen angesehen. Im Anschluss daran stelle ich dann die drei eher klassischen Kompetenz-Bereiche kognitive, emotional-motivationale und sozial-interaktive Kompetenzen vor.

---

61 Weiter unten (Abschnitt 4.2.4) stelle ich Ihnen alle Einzel-Kompetenzen vor –, aber keine Sorge: Sie müssen nicht permanent alle 20 Einzel-Kompetenzen im Kopf haben. Für eine Stelle genügt es, sich auf sechs bis acht ausgewählte Kompetenzen zu beschränken; dazu unten mehr.

62 Spörli & Schmidt, 2006, S. 105 f.

4.2.3 Der zusätzliche Kompetenz-Bereich „Lern-Potenzial"

Lern-Potenzial[63], von einigen neuerdings auch *Lern-Agilität*[64] genannt, ist wie gesagt im Begriff, sich als wichtigster Personfaktor für Management- und Führungserfolg zu entpuppen. Schließlich findet technologischer, organisatorischer und marktbezogener Wandel in unseren turbulenten Zeiten geradezu pausenlos statt.[65] *Lern-Potenzial* ist am ehesten verwandt mit dem Merkmal *Need for Cognition*, das im Kontext von Schule und Studium eine große Rolle spielt, nämlich die Freude an und die Beschäftigung mit kognitiv komplexen Aufgaben.[66]

Nota bene: Es geht bei Lern-Potenzial (LP) nicht allein um das Können von Lernen (Lern-Fähigkeit = LF = Intelligenz), sondern eben auch (um nicht zu sagen ganz besonders) um das Wollen von Lernen (Lern-Motivation = LM), formalisiert im Sinne einer multiplikativen Verknüpfung gemäß der Formel:

Lern-Potenzial = Lern-Fähigkeit × Lern-Motivation (LP = LF × LM).[67]

Es geht am Ende um die persönliche Weiterentwicklung durch eigenmotivierten und selbstorganisierten Erwerb der für das Feld von Management und Führung erfolgsrelevanten Verhaltens- und Handlungsweisen, die aber zugleich auch permanenter Veränderung ausgesetzt sind. Bei Microsoft etwa wurden und werden die Führungskräfte angehalten, sich immer mehr von „Besserwissern" zu „Besserlernern" zu entwickeln.[68]

Schon das *Vorwissen* erleichtert weiteres Lernen: Wer mehr Wissen und elaboriertere Wissens-Strukturen (sog. *fachgebietsübergreifende Abstraktheitshierarchien*[69]) besitzt, kann sich besser in der Informationsflut orientieren, hat es leichter in Dialogen mit Experten der verschiedensten Fachgebiete und ist effektiver im Bilden von Analogien – einer besonders hilfreichen Fähigkeit für das Strukturieren von Kontexten und das Lösen von Problemen. Es geht nicht allein darum, aus Erfahrungen zu lernen, sondern zugleich um den Drang, das Gelernte

---

63 Sarges, 1993, 2000, 2013
64 US-amerikanische Autoren bezeichneten das Konzept später als learning agility (Eichinger & Lombardo, 2004), deutsche Autoren „re-importierten" den Begriff – inzwischen eingedeutscht – als Lern-Agilität (Winzer & Daivandran, 2020).
65 Cavanaugh & Zelin, 2015; De Meuse, Dai & Hallenbeck, 2010; Eichinger & Lombardo, 2004
66 Strobel & Strobel, 2016
67 Sarges, 2013, S. 482 f.
68 Ibarra & Soular, 2020, S. 72
69 i. S. v. Dörner, 1976

immer auch in neuen Situationen anwenden zu wollen und dies auch zu tun.

Wenn wir die Fähigkeit zu lernen, aktiviert durch die Motivation zu lernen, als eine in Zukunft immer entscheidendere Grundlage für Erfolg betrachten, reklamieren wir damit lediglich aufs Neue die Gültigkeit einer eigentlich schon alten Erkenntnis, die keiner anschaulicher formuliert hat als Benjamin Franklin in seinem vielzitierten Bonmot: „Lernen ist wie das Rudern gegen den Strom, sobald man aufhört, treibt man zurück". Ähnliches, aber existenzieller, besagt das ökologische Gesetz des Lernens: Eine Spezies wird nur überleben, wenn sie mindestens so schnell lernt, wie sich ihre Umwelt verändert – was zweifellos auch für Unternehmen und andere organisierte Gemeinschaften gilt.

In der Tat ist Lern-Potenzial als ein sehr breites Adaptations- und Gestaltungspotenzial zu verstehen, nämlich nicht allein in einem weiteren kognitiven, sondern auch im motivational-emotionalen sowie im sozial-interaktiven Bereich lernen zu können und zu wollen.[70] Es ist auf wechselnde situative Bedingungen der Arbeitssituation gerichtet und basiert wie gesagt auf einer Kombination von mentalem Fähigkeitsniveau (Intelligenz) und Antriebsstärke (Motivation) zum kontinuierlichen (Weiter-)Lernen in diesem Handlungsfeld. Es entwickelt sich allerdings nicht einfach aus dem bloßen Zusammenspiel von mitgebrachten Anlagen und äußeren Anregungen, sondern entfaltet sich allein durch den selbstmotivierten und selbstorganisierten Erwerb der erfolgsrelevanten Verhaltens- und Handlungsweisen für den in Rede stehenden Inhaltsbereich (hier: Management und Führung bzw. eine der diversen Expertisen-Domänen von Professionals).

Lernpotente (neudeutsch: lern-„agile") Manager fühlen sich durch die Mehrdeutigkeit von Situationen eher stimuliert als bedroht, betrachten die Dinge gern von mehreren Seiten und schätzen den Wandel. Um das Management-*Potenzial* deutlicher von den sonstigen Management-*Fähigkeiten* zu unterscheiden: Es geht um das Vermögen von Kandidat:innen, Probleme und Chancen entdecken und lösen zu können, die wir heute noch gar nicht kennen oder artikulieren können, indem sie sich kognitiv und motivational rüsten.

> „*People who are highly learning agile seek continuously out new challenges, seek actively feedback from others to grow and develop, tend to self-reflect, and evaluate their experiences and draw practical conclusions*" (Menschen mit hohem Lernpotenzial streben ständig nach neuen Herausforderungen, holen

---

[70] Sarges, 1993, 2013a

sich von anderen Feedback ein, um zu wachsen und sich weiterzuentwickeln, neigen zur Selbstreflexion und evaluieren ihre Erfahrungen, um daraus praktische Schlüsse zu ziehen).[71]

Kandidat:innen mit hohem Lern-Potenzial für den Management-Bereich, also mit hoher Lern-Fähigkeit *und* hoher Lern-Motivation, können sich natürlich noch unterscheiden in ihrer Interessen-Spannweite: nämlich ob sie sich eher breit befähigt und motiviert als generalistische Manager(-Aspirant:innen) verstehen und zu entwickeln bemüht sind oder ob sie thematisch eingegrenzter als funktionale Manager:innen bzw. ohne Führungsfunktion als Professional zu arbeiten bevorzugen.

Der Kompetenz-Bereich *Lern-Potenzial* wurde hier deshalb ausführlicher behandelt als die anschließend folgenden drei Kompetenz-Bereichs-Klassiker (kognitive, motivational-emotionale und sozial-interaktive Kompetenzen), weil er recht neu ist und interessierte Leser:innen zu diesem in der Praxisliteratur bislang kaum etwas und in der Wissenschaftsliteratur nur mit einigem Aufwand Brauchbares finden können.

Der Klarheit halber: Das Konstrukt Lernpotenzial ist inhaltlich selbstverständlich immer bereichsbezogen. Analog wie hier für den Bereich *Management und Führung* lässt sich ein solches Konstrukt natürlich für alle möglichen anderen (engeren oder weiteren) Realitätsbereiche bilden (z. B. Medizin, Jura, Maschinenbau, Informatik etc.).

4.2.4 Das vollständige Kompetenzmodell mit seinen Einzelkompetenzen erklärt

Das Modell *Kompetenzen zur Führungseignung* besteht aus insgesamt 20 verschiedenen Einzel-Kompetenzen, die die ganze Spannbreite leistungsrelevanter Einzel-Kompetenzen für Management und Führung abdecken. Die im Abschnitt 4.2.2 genannten vier Bereiche oder „Säulen" (d. h. 1. Lern-Potenzial, 2. Kognition, 3. Motivation und Emotion sowie 4. Soziale Interaktion) kategorisieren diese Einzel-Kompetenzen und bieten Ihnen so eine Struktur zur leichteren Orientierung.

Noch einmal der Hinweis: Keine Sorge, beim Führen eines Interviews müssen wir diese Einzel-Kompetenzen nicht alle im Kopf haben. Wir sollten sie aber vorher durchgehen und aus den 20 Einzel-Kompetenzen nur etwa sechs bis acht auswählen, und zwar diejenigen, die wir bei der in Rede stehende Stelle für besonders relevant halten.

---

71 De Meuse, Dai & Hallenbeck, 2010, S. 120

Insgesamt sind mit den 20 Einzel-Kompetenzen solche versammelt, die nachweislich je einen guten Vorhersage-Beitrag für die berufliche Leistung von Kandidat:innen haben, wenn eine Situation (Stelle) sie besonders erforderlich macht. Auch bleiben wir mit diesem breiten „Fächer" von Einzel-Kompetenzen in Übereinstimmung mit denen in der Wissenschaft.[72]

Im Folgenden soll nun erläutert werden, was die Einzel-Kompetenzen in den vier Kompetenz-Bereichen inhaltlich umfassen. Wir arbeiten uns dabei in vier Schritten vor:
1. Ein Überblick über die vier Kompetenzbereiche.
2. Eine Erläuterung der einzelnen Kompetenzbereiche.
3. Ein Überblick über die jeweiligen Einzel-Kompetenzen jedes Kompetenz-Bereichs.
4. Eine genauere Erläuterung der jeweiligen Einzel-Kompetenzen jedes Kompetenz-Bereichs.

Am Ende erhalten Sie noch einmal eine zusammenfassende Übersicht.

Schritt 1:
Die vier Kompetenzbereiche mit thematischen Untertiteln

❶ Lern-Potenzial-Kompetenzen
Fähigkeit **und** Willigkeit zum *Um- und Neu-Lernen*

❷ Kognitive Kompetenzen
Analytische **und** konzeptionelle *Problemlösefähigkeit*

❸ Motivational-emotionale Kompetenzen
Initiatorische **und** belastbare *Dynamik/Agilität*

❹ Sozial-interaktive Kompetenzen
Anpassungs- **und** durchsetzungsfähiges *Kontaktvermögen*

Schritt 2:
Wie sind die Untertitel zu lesen und zu verstehen?

Kompetenz-Bereich: **Lern-Potenzial-Kompetenzen**
Erläuternder Untertitel: Fähigkeit **und** Willigkeit zum *Um- und Neu-Lernen*

Bei den Lern-Potenzial-Kompetenzen geht es in der Hauptsache um Neu-Lernen, aber eben auch um Um-Lernen (deshalb auch heraus-

---

72 Sarges, 2013

gestellt), wozu aber die *beiden* Faktoren „Fähigkeit" und „Willigkeit" mit gleichem Gewicht beitragen, deshalb ist das **und** fett – beide Lern-Potenzial-Faktoren sind also erforderlich zum effektiven Neu- und Umlernen, nicht nur einer davon.

Kompetenz-Bereich: **Kognitive Kompetenzen**
Erläuternder Untertitel: Analytische **und** konzeptionelle *Problemlösefähigkeit*

Bei den kognitiven Kompetenzen geht es in der Hauptsache um Problemlösefähigkeit (deshalb herausgestellt), die aber die *beiden* konträren Schwestertugenden „analytisches Denken" und „konzeptionelles Denken" in jeweils situationsgerechter Balance erfordert, deshalb ist das **und** fett – beide kognitiven Facetten (analytisches Denken, aber auch konzeptionelles Denken) sind also erforderlich zu effektiven Problemlösungen, nicht nur eine davon.

Kompetenz-Bereich: **Motivational-emotionale Kompetenzen**
Erläuternder Untertitel: Initiatorische **und** belastbare *Dynamik/ Agilität*

Bei den motivational-emotionalen Kompetenzen geht es um Agilität (i. S. von: wendiges, antizipatives, proaktives und initiatives Verhalten – deshalb herausgestellt), die aber die *beiden* konträren Schwestertugenden „Initiative ergreifen" und „Belastung ertragen" in jeweils situationsgerechter Balance erfordert (deshalb ist das **und** fett) – beide motivationalen Facetten (initiativ zu sein und auch belastbar) sind also erforderlich für agilen Antrieb und Umgang mit Stress.

Kompetenz-Bereich: **Sozial-interaktive Kompetenzen**
Erläuternder Untertitel: Anpassungs- **und** durchsetzungsfähiges *Kontaktvermögen*

Bei den Sozial-interaktiven Kompetenzen geht es um das Kommunikations- und Kontaktvermögen (deshalb herausgestellt), das aber die *beiden* konträren Schwestertugenden „Anpassung" und „Durchsetzen" in jeweils situationsgerechter Balance erfordert (deshalb ist das **und** fett) – beide sozialen Facetten (anpassungsfähig, aber auch durchsetzungsfähig zu sein) sind also erforderlich zu effektivem Kommunikationsverhalten, nicht nur eine davon.

Schritt 3:
Die in die Kompetenz-Gruppen fallenden Einzel-Kompetenzen

Schlüssel-Kompetenzen

Zum besseren Sinnverständnis wird nachfolgend für jeden der vier Kompetenz-Bereiche (Lernpotenzial, Kognition, Motivation/Emotion, Soziale Interaktion) eine sog. Schlüssel-Kompetenz (🗝) genannt, sie ist die **gewichtigste** Einzel-Kompetenz in dem betreffenden Kompetenz-Bereich.

Diese insgesamt vier 🗝 Schlüssel-Kompetenzen sollte man sich am besten fest im Gedächtnis einprägen, denn sie sollten bei **Führungskräften** zumindest einigermaßen gut ausgeprägt sein – was natürlich anforderungsbezogene Schwerpunkte nicht ausschließt, letzteres vor allem bei Professionals.

❶ **Lern-Potenzial-Kompetenzen**
Fähigkeit **und** Willigkeit zum *Um- und Neu-Lernen*
🗝 Offenheit für Kritik

❷ **Kognitive Kompetenzen**
Analytische **und** konzeptionelle *Problemlösefähigkeit*
🗝 Helikopterfähigkeit (Fähigkeit zum Überblick)

❸ **Motivational-emotionale Kompetenzen**
Initiatorische **und** belastbare *Dynamik/Agilität*
🗝 Risikobereitschaft und zielorientierte Initiative

❹ **Sozial-interaktive Kompetenzen**
Anpassungs- **und** durchsetzungsfähiges *Kontaktvermögen*
🗝 Überzeugen und Durchsetzen

Basis- und Ergänzungskompetenzen

In jedem der Kompetenz-Bereiche gibt es außer ihrer Schlüssel-Kompetenz jeweils
- drei Basis-Kompetenzen (o): Sie repräsentieren die für die jeweilige Schlüssel-Kompetenz der betreffenden Kompetenzgruppe grundlegenden Kompetenzen und
- eine Ergänzungs-Kompetenz (+): Sie ist als eine Art „Luxus-Kompetenz" zu verstehen, die den jeweiligen Bereich „abrundet". Solche Kompetenzen sind also „nice to have", aber nicht unabdinglich.

❶ **Lern-Potenzial-Kompetenzen**
Fähigkeit **und** Willigkeit zum *Um- und Neu-Lernen*
o Suche nach Lerngelegenheiten
o Suche nach Feedback
o Lernen aus Fehlern

🗝 Offenheit für Kritik
+ Allgemeinwissen

❷ Kognitive Kompetenzen
Analytische **und** konzeptionelle *Problemlösefähigkeit*
○ Wissens- und Interessensbreite
○ Analytisches Denken
○ Planung, Organisation und Kontrolle
🗝 Helikopterfähigkeit (Fähigkeit zum Überblick)
+ Ideenflüssigkeit/Kreativität

❸ Motivational-emotionale Kompetenzen
Initiatorische **und** belastbare *Dynamik/Agilität*
○ Energie und Leistungsehrgeiz, Fleiß
○ Belastbarkeit und Stressresistenz
○ Optimismus und Selbstzutrauen
🗝 Risikobereitschaft und zielorientierte Initiative
+ Gestaltungs- und Aufstiegsmotivation

❹ Sozial-interaktive Kompetenzen
Anpassungs- **und** durchsetzungsfähiges *Kontaktvermögen*
○ Extraversion
○ Kommunikationsfähigkeit
○ Kooperation und Teamfähigkeit
🗝 Überzeugen und Durchsetzen
+ Mobilität und Interkulturalität

Schritt 4: Textliche Erläuterungen der Einzel-Kompetenzen aller vier Kompetenz-Bereiche

❶ Lern-Potenzial-Kompetenzen
Fähigkeit **und** Willigkeit zum *Um- und Neu-Lernen*
○ Suche nach Lerngelegenheiten: Sucht nach Erfahrungen, welche die Möglichkeit zum Wechsel der eigenen Perspektive oder die Gelegenheit bieten, Neues zu lernen. Nützt die sich bietenden Chancen, Neues zu beginnen. Hat zusätzliche Skills entwickelt und sich im Zeitverlauf positiv verändert.
○ Feedbackverhalten: Sucht und nutzt Feedback: Beschafft sich aktiv Informationen über die Wirkung eigenen Verhaltens und verändert sich in Reaktion auf dieses Feedback.
○ Lernen aus Fehlern: Begreift Fehler als Lernchancen. Ändert die Suchrichtung, wenn sie oder er nicht weiterkommt, reagiert bei Misserfolgen nicht defensiv, gibt bei Rückschlägen nicht auf.

- 🔑 **Offenheit für Kritik:** Geht effektiv mit Kritik um; wirkt nicht defensiv oder bedroht, wenn andere (insbesondere Vorgesetzte) sie oder ihn kritisieren.
- **+ Allgemeinwissen:** Interessiert und informiert sich auch für/über kulturelle und andere, über das unmittelbar Geschäftliche hinausgehende Inhalts- und Tätigkeitsbereiche.

❷ Kognitive Kompetenzen

Analytische **und** konzeptionelle *Problemlösefähigkeit*

- ○ **Wissens- und Interessensbreite:** Verfügt über ein Wissen und Verständnis des Geschäftes, das den engeren Bereich der eigenen Expertise überschreitet. Versucht, sowohl die Produkte/Dienstleistungen als auch die finanziellen Aspekte des Geschäfts zu verstehen. Weiß aber auch um die Einflüsse sozialer, wirtschaftlicher und politischer Entwicklungen auf das Geschäft.
- ○ **Analytisches Denken:** Kann treffende Fragen stellen, komplexe Probleme durchdringen, deren Komponenten differenzieren und werten und zügig den Kern eines Problems identifizieren. Erkennt Gemeinsamkeiten in verschiedenen Situationen oder Gegebenheiten; leitet Regeln aus konkreten Ereignissen ab und wendet sie wiederum auf weiteres Konkretes an.
- ○ **Planung, Organisation und Kontrolle:** Strukturiert zielbezogen Aufgaben, Arbeitsabläufe und -einteilungen; kann Prioritäten richtig setzen – auch bei schnell wechselnden Anforderungen – und sorgt für einen angemessenen Ressourceneinsatz. Betreibt ein gutes Monitoring für die unterschiedlichen Projekte und beachtet auch kleinere Ist-Soll-Abweichungen zur frühzeitigen Kurskorrektur.
- 🔑 **Helikopterfähigkeit (Fähigkeit zum Überblick):** Kann Probleme sowohl makro- wie mikroskopisch betrachten und dabei bewusst den Auflösungsgrad einer Problembetrachtung je nach Erfordernis variieren. Sieht dadurch das „Insgesamt" der verschiedenen Teile eines Phänomens in ihrem Zusammenspiel; denkt vernetzt und kann Muster auch zwischen solchen Sachverhalten erfassen, die auf den ersten Blick nicht zusammenzuhängen scheinen. Nicht zuletzt erleichtert die Fähigkeit zum Wechsel der Analyseebene das schnelle Entdecken von Chancen und Problemen.
- **+ Ideenflüssigkeit:** Ist geistig beweglich, kann einen breiten Ideenfluss produzieren, Dinge aus neuen Perspektiven sehen sowie interessante Problemlösungen durch Bildung von Analogien ableiten und in konzeptionelle Ansätze überführen.

❸ **Motivational-emotionale Kompetenzen**
Initiatorische **und** belastbare *Dynamik/Agilität*
- Energie und Leistungsehrgeiz, Fleiß: Richtet die Quantität und Qualität der eigenen Leistung an hohen inneren und äußeren Leistungsstandards aus. Fühlt sich dem Unternehmenserfolg in hohem Maße verpflichtet und ist bereit, dafür auch persönliche Opfer zu bringen.
- Belastbarkeit und Stressresistenz: Bleibt in Stress-Situationen ruhig, objektiv und kontrolliert, lässt sich durch Widerstände und Enttäuschungen nicht entmutigen, zeigt auch unter Druck kontinuierliche, stabile Leistung.
- Optimismus und Selbstzutrauen: Hat eine positive Grundeinstellung, wirkt gefestigt und selbstsicher, kann sich kritisch äußern, auch wenn dies nicht immer willkommen ist; zeigt zugleich aber auch die Fähigkeit zur Selbstkritik. Ist optimistisch in Bezug auf seine Problemfinde- und Problemlösungskompetenz, sowohl bei Sachaufgaben als auch in zwischenmenschlichen Situationen.
- 🗝 Risikobereitschaft und zielorientierte Initiative: Hat klare und realistische Ziele und nimmt zu deren Erreichung auch kalkulierte persönliche und geschäftliche Risiken verantwortlich auf sich. Ergreift gern Initiativen: besitzt einen ansehnlichen Drang zur Tat, agiert aus sich heraus, auch ohne Anstöße von außen.
- \+ Gestaltungs- und Aufstiegsmotivation: Möchte nicht nur „Rädchen im Getriebe" sein, sondern einen eigenen, substantiellen Beitrag zum Gesamtergebnis leisten und etwas Besonderes bewirken. Im Hinterkopf verfolgt sie/er damit zugleich das Motiv, in der Hierarchie der Organisation auch irgendwie weiterzukommen.

❹ **Sozial-interaktive Kompetenzen**
Anpassungs- **und** durchsetzungsfähiges *Kontaktvermögen*
- Extraversion: Kann menschliche Kontakte offensiv herstellen, erhalten und gestalten, aber auch Meinungen und Bedürfnisse anderer erkennen und sich darauf einstellen. Geht mit Menschen gut um und kann ein offenes, vertrauensvolles Klima schaffen.
- Kommunikationsfähigkeit: Berücksichtigt die Vorgeordnetheit der Beziehungsebene vor der Sachebene, orientiert sich am Informationsstand des Gegenübers, kann gut zuhören, bereitet Informationen zielgruppengerecht auf, formuliert klar und verständlich, strukturiert Argumente, nutzt Beispiele, Analogi-

en und sonstige Vergleiche und auch optische und akustische Medien.

- o Kooperation und Teamfähigkeit: Kann mit sehr unterschiedlichen Menschen zusammenarbeiten, motiviert sie, ihr Bestes zu geben und gelangt auch bei verschiedenen Meinungen zu einem produktiven Konsens. Kann durch unterschiedliche Methoden Aktivitäten koordinieren/steuern und bearbeitet auftretende Konflikte konstruktiv.
- ⚷ Überzeugen und Durchsetzen: Kann durch persönliches Auftreten Menschen für die eigenen Ideen und Vorschläge einnehmen, ist integer und wird in der Führungsrolle akzeptiert; kann sich – auch gegen Widerstand – durchsetzen, beweist „Zivilcourage". Verteidigt auch bei Widerspruch ihren/seinen Standpunkt und bringt ihr/sein Engagement in einer hohen Ergebnisorientierung zum Ausdruck.
- + Mobilität und Interkulturalität: Ist geographisch mobil, liebt die Herausforderung der Arbeit in anderen (auch fremden) Kulturen und wertschätzt die damit verbundenen Erfahrungen. Erkennt den Nutzen von Verschiedenartigkeit und ist sensibel für kulturelle Unterschiede, arbeitet intensiv daran, sie zu verstehen, und ändert das eigene Verhalten entsprechend.

Zusammenfassung: Tabellarische Übersicht

Tabelle 2: Kompetenzen der Führungseignung

❶ Lern-Potenzial	❷ Kognition
Fähigkeit **und** Willigkeit zum *Um- und Neu-Lernen*	Analytische **und** konzeptionelle *Problemlösefähigkeit*
o Suche nach Lerngelegenheiten o Suche nach Feedback o Lernen aus Fehlern ⚷ Offenheit für Kritik + Allgemeinwissen	o Wissens- und Interessensbreite o Analytisches Denken o Planung, Organisation und Kontrolle ⚷ Helikopterfähigkeit (Fähigkeit zum Überblick) + Ideenflüssigkeit
❸ Motivation	❹ Soziale Interaktion
Initiatorische **und** belastbare *Dynamik/Agilität*	Anpassungs- **und** durchsetzungsfähiges *Kontaktvermögen*
o Energie und Leistungsehrgeiz, Fleiß o Belastbarkeit und Stressresistenz o Optimismus und Selbstzutrauen ⚷ Risikobereitschaft und zielorientierte Initiative + Gestaltungs- und Aufstiegsmotivation	o Extraversion o Kommunikationsfähigkeit o Kooperation und Teamfähigkeit ⚷ Überzeugen und Durchsetzen + Mobilität und Interkulturalität

Legende: o: Voraussetzungs-Kompetenzen; ⚷: Schlüssel-Kompetenz; +: Ergänzungs-Kompetenz

4.3 So ermitteln Sie die relevanten Einzel-Kompetenzen für eine spezifische Stelle

Die obigen 20 Einzel-Kompetenzen sind als ein wohlsortiertes „Vorratslager" oder ein „Katalog" zu verstehen, aus dem jeweils für eine gegebene Stelle (Situation) die dafür als bedeutsam eingeschätzten sechs bis acht Einzel-Kompetenzen herausgesucht werden können. Das lässt sich am einfachsten mit konkretem Bezug auf die wichtigsten Anforderungen der in Rede stehenden Stelle vornehmen. Oder anders ausgedrückt: Die Aussagen und Begriffe der Situationsanalyse müssen in personale Eignungsindikatoren, also Personmerkmale übersetzt werden, indem Fragen gestellt werden wie „Welche einzelnen Eigenschaften/Kompetenzen sind für spätere Jobinhaber:innen erforderlich?", „Was ist besonders kritisch?", „Wo dürfen keine Abstriche gemacht werden?" etc.

Aus dem Fächer unserer 4 × 5 = 20 Einzel-Kompetenzen können dann für die in Rede stehende Stelle diejenigen sechs (bis acht) Kompetenzen ausgewählt werden, die wichtige Voraussetzungen für den Erfolg in dieser beruflichen Position sind; sie sollten inhaltlich möglichst verschieden voneinander und gut bewertbar sein.[73]

Der besseren Objektivität wegen sollte diese Auswahl durch zumindest zwei Beurteiler:innen erfolgen. Bei abweichenden Urteilen empfiehlt es sich natürlich, konstruktiv zu diskutieren und bei Bedarf noch ein:e oder zwei weitere Beurteiler:innen hinzuzuziehen.

Die ausgewählten Einzel-Kompetenzen (Prädiktoren) bestimmen dann, worauf wir im Interview unsere besondere Aufmerksamkeit richten. Das schließt natürlich nicht aus, auch noch Informationen für die eine oder andere Einzelkompetenz, die im Gespräch plötzlich eine Rolle spielt, wahrzunehmen und entsprechend im Gedächtnis zu speichern.

Die Abbildungen 1 und 2 illustrieren dies für zwei unterschiedliche Positionen.

---

73 Kahnemann, 2014, S. 287

| ❶ **Lern-Potenzial** | ❶ **Lern-Potenzial** |
| Fähigkeit *und* Willigkeit zum Um- und Neu-Lernen | Fähigkeit *und* Willigkeit zum Um- und Neu-Lernen |

      ○ Suche nach Lerngelegenheiten   ○ Suche nach Lerngelegenheiten

Linke Spalte (Abbildung 1 – CFO):

- ○ Suche nach Lerngelegenheiten
- ○ Suche nach Feedback
- ✗ ○ Lernen aus Fehlern
- ✗ ✐ Offenheit für Kritik
- + Allgemeinwissen

❷ **Kognition**
Analytische *und* konzeptionelle Problemlösefähigkeit

- ○ Wissens- und Interessensbreite
- ✗ ○ Analytisches Denken
- ✗ ○ Planung, Organisation und Kontrolle
- ✐ Helikopterfähigkeit (Fähigkeit zum Überblick)
- + Ideenflüssigkeit/Kreativität

❸ **Motivation**
Initiatorische *und* belastbare Dynamik/Agilität

- ✗ ○ Energie und Leistungsehrgeiz, Fleiß
- ✗ ○ Belastbarkeit und Stressresistenz
- ○ Optimismus und Selbstzutrauen
- ✐ Risikobereitschaft und zielorientierte Initiative
- + Gestaltungs- und Aufstiegsmotivation

❹ **Soziale Interaktion**
Anpassungs- *und* durchsetzungsfähiges Kontaktvermögen

- ○ Extraversion
- ✗ ○ Kommunikationsfähigkeit
- ○ Kooperation und Teamfähigkeit
- ✗ ✐ Überzeugen und Durchsetzen
- + Mobilität und Interkulturalität

Abbildung 1: Acht ausgewählte Einzel-Kompetenzen (markiert mit ✗) für die betriebliche Funktion einer oder eines CFO (Chief Financial Officer)

Rechte Spalte (Abbildung 2 – Vertriebsbeauftragte:r):

❶ **Lern-Potenzial**
Fähigkeit *und* Willigkeit zum Um- und Neu-Lernen

- ○ Suche nach Lerngelegenheiten
- ○ Suche nach Feedback
- ✗ ○ Lernen aus Fehlern
- ✐ Offenheit für Kritik
- + Allgemeinwissen

❷ **Kognition**
Analytische *und* konzeptionelle Problemlösefähigkeit

- ○ Wissens- und Interessensbreite
- ○ Analytisches Denken
- ✗ ○ Planung, Organisation und Kontrolle
- ✐ Helikopterfähigkeit (Fähigkeit zum Überblick)
- + Ideenflüssigkeit/Kreativität

❸ **Motivation**
Initiatorische *und* belastbare Dynamik/Agilität

- ○ Energie und Leistungsehrgeiz, Fleiß
- ○ Belastbarkeit und Stressresistenz
- ✗ ○ Optimismus und Selbstzutrauen
- ✗ ✐ Risikobereitschaft und zielorientierte Initiative
- + Gestaltungs- und Aufstiegsmotivation

❹ **Soziale Interaktion**
Anpassungs- *und* durchsetzungsfähiges Kontaktvermögen

- ○ Extraversion
- ✗ ○ Kommunikationsfähigkeit
- ○ Kooperation und Teamfähigkeit
- ✗ ✐ Überzeugen und Durchsetzen
- + Mobilität und Interkulturalität

Abbildung 2: Sechs ausgewählte Einzel-Kompetenzen (markiert mit ✗) für die betriebliche Funktion Vertriebsbeauftragte:r ohne Führungsverantwortung, aber mit Fachverantwortung

5 Das Biographische Eignungs-Interview (B-E-I): So kommen Sie zu einer validen Beurteilung von Kandidat:innen

5.1 Biographisches Interviewen: Die leicht erlernbare Kunst des nicht-standardisierten, aber strukturierten Fragens

In der Praxis der beruflichen Eignungsdiagnostik haben biographische Daten von Bewerbenden seit jeher eine bedeutende Rolle gespielt. Das kommt nicht zuletzt daher, dass sich ein Mensch und sein Verhalten am besten aus seiner Biographie verstehen lässt (*„The past is the best prophet of the future"*[74]). Bei Prozessen von Auswahlentscheidungen und Platzierungen ist allein schon das Prüfen der für einen gegebenen Job oder Beruf erforderlichen Vorbildungen, Fertigkeiten, Erfahrungen etc. der erste unverzichtbare Schritt.

Auch die Wissenschaft misst jobrelevanten biographischen Informationen große diagnostische Bedeutung bei, da für viele eignungsrelevante Merkmale eine hohe Stabilität über die Zeit (= Reliabilität) nachgewiesen werden konnte[75]: Nicht nur derzeitige, sondern auch frühere Ausprägungen wichtiger Könnens- und Wollensfaktoren einer Person (so etwa Intelligenz oder Leistungsmotivation) bleiben in Zukunft so oder ähnlich erhalten und sind daher gut zur Vorhersage von Job- bzw. Berufserfolg (d. h. Leistung und Zufriedenheit) geeignet.

Der tabellarische Lebenslauf (inkl. der Zeugnisse und sonstiger Nachweise) und das sich ggf. anschließende Interview sind wohl die weltweit am meisten verbreiteten, weil von Arbeitnehmern wie Arbeitgebern am stärksten akzeptierten Verfahren. Dies nicht zuletzt auch wegen des positiven Gefühls auf beiden Seiten, selbst eine an-

---

74 George G. Byron (1788–1824)
75 z. B. Damian et al., 2018

gemessene Kontrolle über diesen sozialen Prozess der gegenseitigen Einschätzung zu behalten – auch wenn dieser Prozess selbstredend asymmetrisch ist. Und nicht selten sind dies die allein herangezogenen Verfahren.

Allerdings: Je weniger zusätzlich andere Methoden eingesetzt werden können oder sollen (z. B. Referenzen, Tests, Assessments, Arbeitsproben), umso mehr muss ein dominant faktenbezogener biographischer Ansatz (mit der Fokussierung auf „Ergebnisse/Leistungen") erweitert werden in Richtung auf „Verhalten", „Eigenschaften" und deren „Entwicklung." Und das lässt sich am ehesten gesprächsweise realisieren. Seriöse Interview-Konzepte versuchen denn auch, solche wichtigen, über die faktischen biographischen Daten hinausgehende psychologische Informationen aus der Biographie zu erhalten – und zwar durch das Hervorlocken (Evozieren) von tauglichen biographischen Informationen zur Einschätzung des späteren beruflichen Könnens und Wollens der Kandidat:innen.

5.1.1 Die zwei gegensätzlichen Interview-Formate

In dieser Hinsicht gibt es nun zwei methodisch konträre Interview-Formate:
1) Das eine Format kommt organisationshierarchisch gesehen „von unten": Ursprünglich gedacht für weniger komplexe Jobs/Berufe mit repetitiven, linearen und planbaren Tätigkeiten, z. B. für Auszubildende, Arbeiter:innen oder Sachbearbeiter:innen, orientiert es sich fragetechnisch eher an Check-Listen und standardisierten (Persönlichkeits-)Fragebögen.
2) Das andere Format dagegen kommt „von oben": Vorgesehen für komplexere Jobs/Berufe, z. B. für Manager, aber auch Trainees, Professionals bzw. Experten, orientiert es sich befragungsmethodisch an explorativen Interviews.

Beide Interview-Formate haben fraglos ihre Berechtigung, und zwar in jeweils dem Bereich, aus dem sie kommen. Doch seit geraumer Zeit stoßen beide auch in Richtung auf den jeweils anderen Anwendungsbereich vor, die ersteren „hangeln sich nach oben", die letzteren „stoßen weiter nach unten vor". Dabei kam und kommt es zu Auffassungsunterschieden in Bezug auf Probleme psychodiagnostischer Angemessenheit der jeweiligen Vorgehensweisen.

Um die Unterschiede zwischen den beiden Interview-Formaten zu verdeutlichen, betrachten wir zunächst die Vorgehensweise des mit detaillierten und standardisierten Fragenkatalogen arbeitenden Formats, das „von unten" kommt. Anschließend wird im Kontrast dazu das Format erläutert, das „von oben" kommt, konkretisiert durch mei-

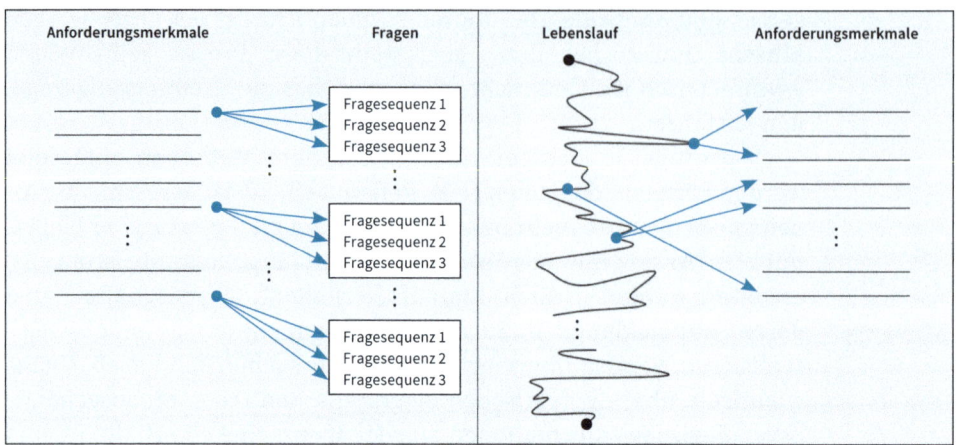

Abbildung 3: Merkmalsorientierung (linke Seite) vs. Lebenslauforientierung (rechte Seite)

nen eigenen, im Vorgehen gegenläufigen Ansatz aus der Management-Diagnostik.

Bei den standardisierten Konzepten des ersten Formats geht man – sachlogisch geleitet – von den Anforderungsmerkmalen aus und stellt pro Merkmal einige darauf bezogene Fragen in Sequenzen (Abbildung 3, linke Seite). Eine typische Fragesequenz zum Anforderungsmerkmal *Teamfähigkeit* ist zum Beispiel: „Welche Erfahrungen haben Sie mit Teamarbeit gemacht? Nennen Sie bitte ein Beispiel.", „Sind in der Teamarbeit auch mal Probleme und Meinungsverschiedenheiten aufgetreten?", „Was haben Sie unternommen, um die Probleme zu lösen?", „Was ist dabei herausgekommen?". Auf diese Weise wird in leitfadenkongruenter, aber biographiebeliebiger Reihenfolge ein Anforderungsmerkmal nach dem anderen abgearbeitet und zwischendurch oder hinterher die Güte der Antworten für die Messung des jeweiligen Merkmals eingeschätzt.[76]

Umgekehrt verhält es sich bei dem hier vorgestellten, bzgl. der Fragen zwar kaum standardisierten, aber inhaltsbezogen stark strukturierten Konzept unseres Biographischen *Eignungs-Interviews*: Hier geht man – psychologisch geleitet – mit den Kandidat:innen deren ausbildungs- und berufsbezogenen Lebenslauf von vorne bis hinten durch und stellt pro relevanter biographischer Station, Phase oder Erfahrung eruierende Fragen (Abbildung 3, rechte Seite). Dazu als Beispiel eine Fragesequenz zum Hochschul-Abschluss: „Welche Ideen hatten Sie vor Abschluss des Examens darüber, wie es danach einmal weitergehen sollte?" Antwort: „Oh, da hatte ich hochfliegende Pläne." Die ergiebigere Nachfrage hier wäre übrigens nicht etwa (sach- bzw. inhaltsorientiert): „Was waren das für Pläne?", sondern (emotional/

[76] Levashina et al., 2013

motivational orientiert): „Hochfliegend?" Antwort: „Okay, das hat sich dann doch noch gegeben, hm ..., aber einen gewissen Anspruch auf Karriere habe ich schon noch". Nachfrage: „Wie ist es zu dieser Abschwächung gekommen?" etc.). Die Antworten werden nach dem Interview den Anforderungsmerkmalen zugeordnet und fundieren die Einschätzungen der entsprechenden Ausprägungsgrade.

Auch wir beziehen uns also mit der Lebenslauforientierung auf die Anforderungsmerkmale, aber nicht als Ausgangspunkte der Fragen, sondern als Endpunkte der Einschätzungen: Während sachlogisch geleitete Ansätze die Fragen aus den Merkmalsdefinitionen herleiten und vorformuliert den Interviewenden anbieten, versuchen wir – psychologisch geleitet – aus dem Lebenslauf bei wichtigen Stationen/Phasen/Ergebnissen durch tiefer gehende Nachfragen anforderungsbezogene Merkmals-Indikatoren zu erkennen und deren Ausprägungsgrade abzuschätzen.

5.1.2 Suchen statt Abfragen: So funktioniert unser Biographisches Interviewen

Was die Erhebung der Daten betrifft, so gehen wir davon aus, dass weniger hinter den auf vor-formulierte Fragen geäußerten Antworten (= respondent) als vielmehr hinter den im Erzählfluss spontan (= operant) berichteten Ereignissen, Episoden und Erfahrungen die valideren Informationen zu erhalten sind. (Operantes Verhalten kommt eher spontan, aus sich heraus, respondentes Verhalten tritt als Reaktion – d. h. als Antwort – auf eine bestimmte Frage auf.) Denn der unmittelbar emotionale und kognitive Bezug auf das Eigenerlebte, das in diesem Moment so stark durch Priming gebahnt ist (verstehen Sie dieses als eine Art „Vorglühen"), dass vieles davon spontan erzählt wird. Oder anders formuliert: Relevante Verhaltens- und Erlebensverankerungen sind von Interviewenden weniger zu entdecken durch von außen vorgegebene, sprachlich formulierte Fragen („Sind in der Teamarbeit auch mal Probleme und Meinungsverschiedenheiten aufgetreten?") als vielmehr im Nacherleben-Lassen einer operant berichteten Situation (z. B. Kandidat:in: „.... und da gab es in unserem Team auch schon mal heftige Meinungsverschiedenheiten") und im unmittelbar darauf bezogenen Nachfragen (hier z. B. durch aktives Zuhören: „... heftige Meinungsverschiedenheiten?").

Also: *Statt Inhalte einfach nur abzufragen, suchen wir sie auf.* Durch eine solche Aktualisierung einer früheren Erfahrung werden nämlich die individuell relevanten psychischen Prozesse „von innen" voraktiviert und lassen die ursprünglichen Gedanken und Gefühle (Kognitionen und Emotionen) wenigstens ansatzweise authentisch aufleben und leichter, schneller, manchmal sogar spontan-automatisch berichtbar werden – was einer Verfälschbarkeit naturgemäß entgegenwirkt.

Aus diesem Grunde versuchen wir, so viel wie möglich an operant erwähnten Inhalten (Stationen, Situationen, Erlebnissen, Verhalten, Ergebnissen etc.) von den Kandidat:innen selbst „produzieren" zu lassen, um die von ihnen damit selbst ausgelösten weiteren Priming-Effekte zu nutzen und diesbezüglich gezielter nachfragen zu können (Kandidat:in z. B.: „... dann kam ja das *Abitur*" oder „in der Schule hatte ich keine *Schwierigkeiten* mit der Leistung, allerdings *mit zwei Personen*"; die kursiv gedruckten Worte indizieren hier den jeweils lohnenden Nachfrageraum; so etwa: „das Abitur?", bzw. „Schwierigkeiten mit zwei Personen?"). Diese Explorationsfunktion macht einen zentralen Unterschied unseres Vorgehens zum Interview-Format standardisierter Ansätze aus. Unser Vorgehen ist im Aufspüren relevanter Inhalte ergiebiger, weil es offener und breiter ist und tiefer gründet.

Ein in dieser Hinsicht ähnliches Vorgehen (unstandardisierte Fragen) findet sich bei lediglich einem weiteren, wissenschaftlich basierten Interview-Konzept, nämlich dem sog. entscheidungsorientierten Gespräch (EOG) von Westhoff.[77]

5.1.3   Der Erfolgsfaktor für gutes Interviewen: Zuhören

Für treffende Nachfragen ist genaues Zuhören natürlich die entscheidende Voraussetzung. Allerdings ist Zuhören oft das am schlechtesten beherrschte Bindeglied der Kommunikation bei vielen Führungskräften und anderen (Personal-)Entscheidern. Nicht wenige von ihnen vernachlässigen das Hören vor lauter Sprechen, weil es ihnen als der unattraktivere Teil in der Redesituation gilt, denn nach außen wirkt Zuhören eher passiv. Tatsächlich aber ist genaues Zuhören ein innerlich hoch aktiver Prozess, der viel mit Denken zu tun hat und Konzentration erfordert. Entscheidend dabei ist weniger die Beachtung des Faktischen („getting the facts") hinter den geäußerten Worten, sondern viel mehr das Vermuten der Bedeutungen, Bewertungen, Antriebe etc. des Gegenübers[78].

Unser Modus des Explorierens entlang des Lebenslaufs bewirkt nicht zuletzt, dass die Kandidat:innen sich nicht schablonisiert und fragmentiert vorkommen und sich somit stärker öffnen. Den Gang des Dialogs müssen die Interviewenden umsichtig leiten, die Antworten auf ihre vorläufigen Vermutungen bezogen abwägen und geeignete Anschlussfragen stellen. Denn gerade dies, das Beschaffen der

---

77   Westhoff, 2009
78   vgl. Niekerken, 2020

"richtigen" Information in Abhängigkeit von der vorherigen, ist eine entscheidende Voraussetzung ergiebigen und validen Explorierens. Dadurch lassen sich zu relevanten Anforderungsmerkmalen (z. B. Planen und Organisieren, Kommunikationsfähigkeit, Dominanz, Initiative, Stressresistenz, Verhandeln) viele Verhaltens- und Eigenschaftsinformationen von inhaltlich guter Vorhersagekraft (= hoher prädiktiver Valenz) erhalten. So wie die Interviewenden dabei einerseits das Gespräch strukturieren, so lassen sie sich andererseits auch von dessen Fluss leiten, ohne den roten Faden zu verlieren und dabei auf eine Inventarisierung wichtiger Themenfelder zu verzichten (siehe dazu weiter unten).

5.1.4 Nicht standardisiert, aber strukturiert: Unser Prinzip beim Biographischen Interviewen

Sind für einzelne Anforderungen noch zu wenig operante Hinweise angefallen, müssen geeignete thematische Exkursionen von vorher schon berichteten Stationen (z. B. Abitur oder Studium) aus unternommen werden, um die Informationslücken schließen zu können. Oder um es anders zu verdeutlichen: Wir thematisieren nicht „aus heiterem Himmel" einen interessierenden Inhaltsbereich mithilfe einer Frage, sondern nehmen Rückbezug auf eine

a) schon erwähnte,
b) behandelte oder
c) eventuell ausgelassene Station im Lebenslauf,

um ein noch offenes Thema (nachfolgend kursiv gedruckt) dort anzudocken und eine zielgerichtete Bahnung (Priming) im biographischen Gedächtnis anzustoßen. Zum Beispiel zu a): „Übrigens, Sie erwähnten vorhin ja Ihren *Vater*; was glauben Sie, in welchen Hinsichten Sie ihm innerlich ähnlich sind?", zu b): „Wir haben ja eben schon Ihre Verärgerung über die *Examensnote* besprochen, was sonst noch hat diese Erfahrung bei Ihnen ausgelöst?" und zu c): „Was ich noch nicht erfahren habe ist, was Sie an *außerschulischen Dingen* in der Oberstufe des Gymnasiums betrieben haben".

Wir denken uns also keine Fragen vorher aus (oder lesen sie vorformuliert vor), sondern stellen unsere eigentlichen Fragen im Nachhinein, und zwar im Anschluss an die Erwähnung wichtiger biographischer Felder (Schule, Lehrer, Praktika, bedeutsame Menschen, Erfolge/Misserfolge, Studien-Verlauf und Ergebnisse, Interessen, berufliche Erfahrungen etc.). Die Interviewer:innen müssen sich allerdings darauf vorbereiten, die diversen operant (= spontan) berichteten Inhalte von Kandidat:innen (eine Prüfung, ein Gefühl, eine Leistung, eine soziale Situation etc.) diagnostisch mit möglichst ergiebigen Anschlussfragen weiter auszubauen (z. B. „Was war dabei Ihr wichtigstes Lernergebnis?", „Was hat diese Erfahrung für Ihren weiteren Werdegang bewirkt?", „Wie erklären Sie sich das?" – etc. (siehe dazu weiter unten).

5.1.5 Authentische Antworten durch eine taugliche Fragetechnik

Die aus den Erzählströmen der Kandidat:innen generierten Nachfragen der Interviewenden führen die Kandidat:innen zum diagnostisch wünschenswerten Ego-Involvement und damit zu authentischeren Reaktionen als zu den sattsam bekannten ego-distanten Schilderungen, die Kandidat:innen sich oft auch noch aussuchen dürfen (zumindest bei Frage-Schablonen wie „Welche Erfahrungen haben Sie mit … gemacht?" oder „Gab es in letzter Zeit eine Situation, in der Sie …?") und ausschmücken kann. Genau darauf bereiten sich ja immer mehr Kandidat:innen – jedenfalls die für professionellere Jobs – anhand der verbreiteten Ratgeberliteratur ausgiebig vor. Anders als bei Leistungstests, wo Vorbereitung durch Training der Erhöhung von Chancengleichheit dient, ist dies im Persönlichkeitsbereich nicht ratsam, weil es zu einer diagnostisch belanglosen Erhöhung der Antwortähnlichkeiten führt.

Wir stützen uns stattdessen auf konkrete und erlebte Stationen/Situationen/Erfahrungen, die von den interviewten Kandidat:innen spontan berichtet werden; wir lassen nicht beliebig auswählen („… gab es eine Situation, in der Sie …?"), sondern fahnden nach ganz persönlich bedeutsamen Erfahrungen, um dazu gezielt nachzufragen. Das, was nach oben „gespült" wird, ist häufig noch nicht das, was als Antwort für uns informativ genug wäre. Das müssen wir in einem nachfolgenden Schritt eingrenzen, ergänzen oder anderweitig evozieren, d. h. wir müssen quasi als „Helfer:in" aktiv werden für weitergehende Auskünfte. Dazu gibt es nun eine Reihe von „hilfestellenden Handgriffen", die im Folgenden als pragmatische Regeln vorgestellt werden und uns bei der Datenerhebung eine bessere Strukturierung ermöglichen. Solche Regeln sind vor allem:

- **Nach Motiven fahnden:**
  Wenn ein:e Kandidat:in von einer Aktivität berichtet, die sie oder er mit gewissem Aufwand (physisch, psychisch, zeitlich, materiell, finanziell o. ä.) betrieben hat (z. B. Sportart, Hobby, Musikinstrument spielen, Vereinsaktivitäten etc.), fragen Sie nach: „Was genau war für *Sie* (nicht an sich) das Befriedigende daran?" oder: „Was speziell hat *Ihnen* (nicht einem) das gegeben?" oder: „Was waren *Ihre* (nicht die) wichtigsten Lernergebnisse dabei?"

- **Kontrastieren:**
  Kandidat:in: „... hat mir sehr gut gefallen"; Interviewer:in daraufhin: „... und was hat Ihnen gar nicht gefallen?"
- **Differenzierungen forcieren:**
  Kandidat:in: „... hatte eine schöne Uni-Zeit"; Interviewer:in: „Was war denn besonders schön?". Oder: Kandidat:in: „... und dazu hatte ich keine Lust", Interviewer:in: „... und wozu hatten Sie besonders keine Lust?"
- **Extremisieren:**
  Höhen vs. Tiefen, Plus vs. Minus, Erfolge vs. Misserfolge etc. in bestimmten Lebensabschnitten
- **Ähnlichkeiten suchen:**
  Interviewer:in: „... gab es ein ähnliches Verhalten oder Gefühl (eine ähnliche Situation) früher (später) schon (noch) einmal?"
- **Gedankliches Experimentieren:**
  Kandidat:in: „... habe nach zehn Semestern mit der Note 4 abgeschlossen"; Interviewer:in daraufhin: „Hätten Sie besser abgeschnitten, wenn Sie das Studium verlängert hätten?"
- **Ursachen-Zuschreibungen** (= Kausalattributionen) **erkunden:**
  Interviewer:in: „Worauf führen Sie das zurück?" oder „Wie erklären Sie sich das?" oder „Was war der Grund dafür?"
- **Ziele bzw. Mittel-Zweck-Beziehungen erkennen:**
  Interviewer:in: „Zu welchem Zweck haben Sie das in Angriff genommen?" oder „Was wollten Sie damit erreichen?" oder „Wozu war das gut?
- **Stabilitätsprüfungen über die Zeit:**
  Interviewer:in: „Gab es ein ähnliches Verhalten früher auch schon mal? ... Und sonst noch?"
- **Stabilitätsprüfungen über Situationen:**
  Interviewer:in: „In welchen anderen Situationen kam ein solches Verhalten X auch noch vor?"

Die meisten dieser Fragen-Empfehlungen fordern die Kandidat:innen in für sie oft überraschender, aber zugleich stimulierender Weise als „Selbsttheoretiker:in" heraus, denn sie führen – das eigene Ego betreffend – über Selbstreflektionen zu aufschlussreicheren Antworten als rein episodische Berichte. Statt also z. B. nur episodisch zu fragen: „Wo haben Sie als Wehrpflichtiger gedient und was haben Sie tun müssen?", besser zusätzlich oder von vornherein selbstreflektorisch fragen: „Was waren für Sie bei der Bundeswehr die wichtigsten Lernerfahrungen?" Letzteres verkürzt die Interviewzeit und führt in aller Regel zu tieferen Einblicken in jobrelevante Persönlichkeitsfacetten der Kandidat:innen als die nur episodischen „facts and figures".

Deshalb lautet meine nachdrückliche Empfehlung: *Lassen Sie die Kandidat:innen Episodisches durch Selbstreflektorisches ersetzen!* Denn: Durch Nachfragen ausgelöste Selbstreflektionen evozieren auch tiefer liegende, sog. implizite (= vorbewusste bzw. unbewusste) Gedächtnisinhalte. Das sind Informationen, die diagnostisch ganz besonders interessieren, denn wir haben kaum einen anderen Zugang zum Unterbewussten unserer Kandidat:innen als durch unstandardisiertes, gleichwohl regelgeleitetes Nachfragen auf spontan geäußerte Inhalte bestimmter Kategorien. Standardisiertes Direktfragen leistet diesen Zugang selbst bei bestem Willen nicht. Schließlich beeinflusst das Unterbewusstsein menschliches Verhalten mehr als das Bewusstsein. Jedenfalls haben die Neurowissenschaften in den vergangenen hundert Jahren ans Licht gebracht, „dass das Bewusstsein nicht am Steuer sitzt".[79]

5.1.6 Hat standardisiertes Interviewen nicht auch Vorteile? – Eher nicht!

Die von mir hier vorgeschlagene Art der Exploration läuft zwar dem nach der empirisch-psychologischen Methodik anzustrebenden Bemühen um Strukturierung entgegen, nämlich einer Standardisierung von Fragenformulierungen und Fragenabfolge. Dies jedoch aus gutem Grund, denn bei einer Exploration mit einem Leitfaden von vorformulierten Fragen besteht die Gefahr einer „Leitfadenbürokratie": Diese begünstigt die Blockierung tiefer- oder weitergehender Informationen dadurch, dass Anknüpfungspunkte für Nachfragen nicht aufgegriffen werden. Erfahrungsgemäß führt eine solche „Pseudo-Exploration" ohne klärende Vertiefungen leicht zum Nichtbeachten von evtl. sehr relevanten diagnostischen Informationen: nämlich durch bürokratisches Abhaken der standardisierten Fragen.[80]

Ansonsten: Auch wir streben selbstverständlich nach Strukturierung, allerdings nach einer Strukturierung „höherer Ordnung". Im Frageverhalten der Interviewenden mögen dabei oberflächlich betrachtet vermeintliche Inkonsistenzen wahrgenommen werden, diese sind jedoch lediglich die Folge unserer hintergründigen Ziel- und Regelbezogenheit der Informationsbeschaffung.

Ich bin überzeugt davon, dass sich von der hier skizzierten Rekonstruktion des für den Job relevanten Lebenslaufs eines Kandidaten, die auf das Gesamtbild gerichtet ist, sicherer auf einzelne Anforderungsmerkmale und zukünftiges Verhalten schließen lässt als auf Basis unverbunden singulärer und oft beschönigend vorbereiteter Antworten.

---

79 Eagleman, 2013, S. 226 f.
80 Hopf, 1978, S. 101 ff.

Jedenfalls sollten wir uns vor einer allzu schlichten, weil fundamentalistischen Standardisierungsillusion hüten, die uns glauben machen möchte, dass Antwortunterschiede nur dann diagnostisch aussagefähig seien, wenn allen Kandidat:innen dieselben Fragen gestellt würden. Ein sich hartnäckig haltender Fehlschluss!

In Wahrheit erzeugen gleiche vorgegebene Fragen bei einer informierten Bewerber:innenschaft den Nachteil mangelnder Differenzierung, und zwar durch eine größere Ähnlichkeit der Antworten (Varianzeinschränkung). Probate meta-kognitive Empfehlungen aus der Ratgeberliteratur für Kandidat:innen beflügeln das noch, z. B.: *Rede in der Sprache des Business (Kosten, Risiko, Margen etc.); formuliere im Modell von Ursache und Wirkung; biete bei Schilderungen deiner Handlungen plausible Stränge und Muster an.* Zudem erschwert ein durch Standardisierung der Fragen verengtes Strukturierungsverständnis schon durch seine Methodik, dass etliches an relevanten sonstigen Inhalten bei einem Kandidaten überhaupt noch aufgespürt werden kann.[81]

Die methodischen Rechtfertigungsversuche standardisierter Fragen mit besserer Vergleichbarkeit der Antworten basieren meines Ermessens auf psychologischer Kurzsichtigkeit. Denn, wie schon das Bonmot eines erfolgreichen Unternehmers lautet: „Wer mit den Adlern kreisen will, darf nicht mit den Hühnern picken". Durch das streckenweise freie Erzählenlassen nämlich können die Befragten zu subjektiven Bedeutungsstrukturen gelangen, die sich einem systematischen Abfragen nur bewusster Inhalte wohl kaum eröffnen würden. Auch von daher bin ich der Meinung, dass wir mit unserem Vorgehen in der gegebenen Interview-Zeit ein Maximum an eignungsdiagnostisch relevanten Informationen erhalten können.

Im Übrigen sinkt die Zumutbarkeit (und damit die Akzeptanz) von standardisierten Fragen in dem Maße, wie der Rang der beruflichen Positionen, für die ausgewählt oder entwickelt werden soll, steigt. Gerade höherrangige Kandidat:innen legen auch in formaleren Gesprächen gesteigerten Wert darauf, in respektierter Weise als Individuum angesehen und behandelt zu werden. Das heißt, dass man ein differenzierteres Vorgehen wählen und die nötigen Informationen weitgehend personenbezogen beschaffen sollte. Diese Bewerber bevorzugen einfach individuell abgestimmte Fragen und Nachfragen und wertschätzen eine verstehensgeleitete Exploration ihres ausbildungsmäßigen und beruflichen Werdegangs.

Fernmündliche Interviews über Videotelefonie, z.B. Skype, wie sie durch die Digitalisierung immer verbreiteter (und breiter akzeptiert) sind, kommen nicht als Ersatz für für ein direktes persönliches Ge-

---

81 Kelle, 2003; Reicherts, 2013

spräch zum Kennenlernen vor Ort infrage. Das sehen auch selbstkritische Anbieter solcher Instrumente so.[82] Diese Form des Interviewens kann jedoch im Selektionsprozess für eine eventuell umfangreichere Vor-Auswahl einen willkommenen Nutzen stiften.

5.1.7 Fangen Sie einfach an!

Inzwischen hat sich die Auffassung, dass quantitative und qualitative Methoden keinen Gegensatz darstellen, sondern einander fruchtbar ergänzen können, einigermaßen verbreitet.[83] Und auf so manche Personalentscheider:innen wirkt das hier beschriebene, fragenbezogen nicht standardisierte, aber inhaltlich stark strukturierte Vorgehen befreiend: Wird es doch dadurch möglich, aus dem *Prokrustes-Bett* vorformulierter Fragen auszubrechen und gemäß eigener Hypothesen im Rahmen des oben skizzierten Regelwerkes Fragen zu stellen.

Nur Mut! Ein solches biographisches Interview- oder auch nur Gesprächsverhalten ist nicht allzu aufwändig zu erwerben – sei es in selbstgesteuertem oder in einem seminarunterstützten Training. Ein entsprechendes Training ist nicht schwieriger als eines zur Führung guter Mitarbeitergespräche und – Kennen ist nicht Können – ertragreicher als nur theoretisches Wissen: Auch so manche Wissenschaftler:innen haben erfahren können, „dass man durch viele persönliche Begegnungen mehr über Menschen erfährt als (nur) durch das Lesen von Literatur zur Persönlichkeitspsychologie".[84]

> ⮑ **EMPFEHLUNG**
>
> Auf alle Fälle empfiehlt es sich, schon bei normalen Unterhaltungen im Alltag z. B. das Generieren ergiebiger Nachfragen zu trainieren (siehe im Folgenden unter 5.2.3). Legen Sie also nicht den Fokus auf die Fragen, auch wenn manche Autoren uns glauben machen möchten, dass man mit trickreichen Fragen ganz besonders Relevantes über einen Menschen erfahren könne.* Setzen Sie stattdessen auf das Zuhören und die daraus zu gewinnenden Fragen. Das ist zielgenauer und bezieht tieferliegende Informationen ein. Sie brauchen nicht gleich alle Anregungen umzusetzen, um schon beachtliche Fortschritte zu machen. Diese stellen sich oft sogar überraschend schnell ein und animieren so zum Weiterlernen.
>
> * Kador, 1997: „Top Ten Toughest Questions"

---

82 Basch & Melchers, 2020; Stulle, 2020, S. 7 f.
83 Kelle & Erzberger, 2000
84 Borkenau, 1993; Pervin, 1985

5.2 Beziehungsebene, Dialog-Strategie und Themen-Ablauf im B-E-I

Bevor wir nachfolgend zu einem „Roten Faden" für den Themenablauf in unserem Interview kommen, vorweg noch einige Anmerkungen grundsätzlicher Art, nämlich zur Psychologie der Kommunikation, zur Strategie des Dialoges sowie zur Sprache und was sie bewirken kann.

5.2.1 Erst eine gute Beziehung ermöglicht eine sachlich-konstruktive Kommunikation

In der zwischenmenschlichen Kommunikation ist die Unterscheidung zweier Ebenen von notorischem Belang und zugleich eine ständige Herausforderung: die *Sachebene* der Inhalte, um die es geht (sie ist i. d. R. nicht der Engpass), und die oft vernachlässigte *Beziehungsebene*[85] – eine der wichtigsten Entdeckungen der Kommunikationspsychologie im vergangenen Jahrhundert.

Die Beziehungsebene ist der Sachebene einflussnehmend sogar noch vorgeordnet – was meist nicht realisiert wird: In der Beziehungsebene nämlich geht es um die beiden sozialen Hauptanliegen vieler Menschen: „Macht" (z. B. Einfluss, Überlegenheit, höherer sozialer Status, kämpferisches Verhalten) und „Liebe" (z. B. Akzeptanz, Wertschätzung, positive emotionale Zuwendung, Nähe, Vertrauen). Die Kunst des menschlichen Umgangs liegt nun darin, dem anderen Menschen ein Beziehungsangebot zu machen, d. h. „Macht"-Signale zurückzunehmen und „Liebes"-Signale zu senden, so dass möglichst wenig Abwehr und Auskunfts-Widerstände hervorgerufen werden[86]. Es ist keine neue Erfahrung, dass sich zu befragende Menschen in einer angstfreien Atmosphäre stärker öffnen und dann auch mal eine härtere Frage auf sanfte Art gestellt werden kann, ganz nach der Maxime:

Sei weich zu den Menschen, aber – falls erforderlich – auch mal hart in der Sache.

Zunächst zum Verlauf der „Liebes"-Signale: Zumindest zu Beginn des Interviews sollte für eine Atmosphäre starker Akzeptanz (A) zum Aufwärmen und Vertrauen-Schaffen gesorgt werden, danach empfiehlt sich ein Wechsel von Akzeptanz und (milder und sachlicher)

---

[85] Watzlawick, Beavin & Jackson, 1911; Schulz von Thun, 1998, S. 25 ff.; Schulz von Thun, Ruppel & Stratmann, 2000. S. 33 ff.
[86] Fittkau, 1990

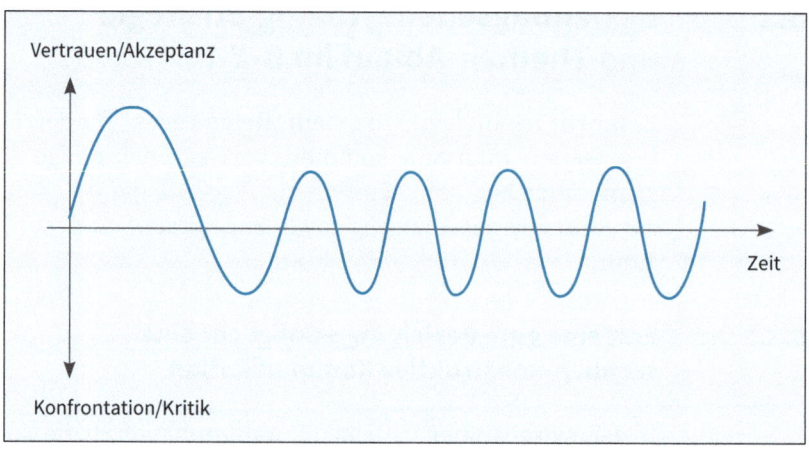

Abbildung 4: *Wechsel von Akzeptanz* (Vertrauen, Verständnis, Harmonie, Geltenlassen, Höflichkeit, Friedlichkeit, Respekt, Wertschätzung) und *Konfrontation* (Kritik, Abgrenzung, Gegenhalten, Bestehen auf, Provokation, Konflikt)

Konfrontation (K) (vgl. Abbildung 4). Konfrontationen auf dem Humus von Akzeptanz veranlassen die Befragten häufig zu weiteren Selbstreflektionen. Es ist eine alte Coaching-Weisheit, dass erst aus diesem Wechselspiel von A und K, dem „liebenden Kampf", die Ergiebigkeit bzw. der Erfolg (E) eines Gesprächs erwächst,[87] formelhaft ausgedrückt: A + K = E. Dabei gilt es natürlich, die situationsangemessene Balance zu halten zwischen *Akzeptanz* (durch entsprechende verbale und nonverbale Signale) und *Konfrontation* (durch nicht-verletzende, freundlich provozierende Fragen).

Grundsätzlich sind („Macht"-reduzierendes) *Zuhören* und („Liebe"-signalisierende) *Akzeptanz* (inkl. als fair wahrgenommene Konfrontationen) die Voraussetzung für Angstfreiheit und angemessene Selbstoffenbarung der Befragten. Im Vordergrund steht das Verstehenwollen der Interviewenden, und deren Ziel ist es, eine Wohlfühl-Atmosphäre zu schaffen, die dennoch erlaubt, den Menschen ein bisschen näher „auf den Pelz zu rücken" als bei einem üblichen Small-Talk.

Mit einer flexiblen Mischung aus Informationsfragen, unterstützenden Zwischenbemerkungen (z. B. „Das war sicher schwierig für Sie") und insistierendem, aber weichem Nachhaken (z. B. „Das verstehe ich jetzt noch nicht so ganz") können die Interviewenden sich auch durch sensible Themenbereiche lotsen, sofern sie sich von einer wohlwollenden Mischung aus Professionalität und Menschlichkeit leiten lassen. Dadurch werden die Kandidat:innen bei etlichen uns in-

---

[87] Schulz von Thun, 1989

teressierenden Punkten des Gesprächs oft mehr erzählen, als sie sich vielleicht bzw. eigentlich vorgenommen hatten.

5.2.2 Dialog-Strategie: Vom Vorurteil zur hermeneutischen Spirale

Albert Einstein soll einmal beklagt haben, dass es leichter sei, ein Atom zu zertrümmern als ein Vorurteil. Damit bezog er sich wohl nicht auf das einfache *Besitzen* eines Vorurteils, sondern auf das *Festhalten* an einem solchen, und zwar auch dann noch, wenn es nachweislich durch Fakten widerlegt wurde. Ein solches Festhalten aber reflektiert nur unsere große Sünde (um nicht zu sagen „Tod"-Sünde) bei Vorurteilen, dass wir sie oft gar nicht zu ändern bereit sind und darüber hinaus sogar noch nach Bestätigung der vorgefassten Meinung Ausschau halten. Scheinbar besitzt der Mensch eine regelrechte Sehnsucht nach Bestätigung der eigenen Ansichten.

Deswegen hat der alltagssprachliche Begriff „Vorurteil" einen schlechten Ruf – allerdings zunächst einmal zu Unrecht: Erstens können wir Vorurteile in Bezug auf diesen oder jenen Meinungsgegenstand gar nicht verhindern. Sie treten unbewusst, automatisch und schnell auf (siehe das Beispiel zum Priming-Effekt in der Einleitung – Kapitel 1), vermutlich, weil wir uns sonst entwicklungsbiologisch betrachtet in dieser komplexen Welt gar nicht zügig orientieren könnten. Und zweitens müssen sich Vorurteile keineswegs *zwangsläufig* verfestigen und dann beibehalten werden; sie können und sollten – wenn man denn will – produktiv genutzt werden. Das jedenfalls empfiehlt ein anderer großer Denker, der Philosoph und Erkenntnistheoretiker *Hans-Georg Gadamer* († 2002). Ein Vorurteil ist nämlich meistens überhaupt der konstruktive Startpunkt für eine weitere Erkenntnisgewinnung bezüglich einer in Rede stehenden Sache oder Person. Denn wenn wir nicht bereits einen vorläufigen Begriff von dem Betrachtungsobjekt, also ein „Vor-Urteil" hätten, könnten wir uns diesem überhaupt nicht annähern. Schließlich sind die einzelnen Teile eines Sachverhalts nur verstehbar im Hinblick auf das Ganze, und dieses Ganze kann nur erfasst werden, wenn einzelne Teile verstanden sind. In der Hermeneutik (der Lehre des Verstehens) nennt man diese wechselseitige Erschließung von Teil und Ganzem hermeneutischer Zirkel[88]. So gesehen kann man sogar sagen, Vorurteile sind eine unabdingbare Voraussetzung für das Verstehen, oder verkürzt und damit im ersten Moment paradox klingend: *Ohne Vorurteile keine Erkenntnis.* Diese stakkatohafte Formel meint nämlich nichts anderes als *Karl Poppers* Diktum „Science

---

88 Zimmer, 2007, S. 226–240

must begin with myths and with the criticism of myths" (Wissenschaft sollte mit Mythen beginnen, und mit deren Kritik).[89]

Für die Praxis heißt dies: Wenn wir etwas Spezifisches bzw. Neues verstehen wollen, müssen wir mit irgendeiner Vorstellung vom Ganzen (einem Vor-Urteil) starten, und sei diese noch so grob oder falsch. Und umgekehrt wirkt sich jede neue hermeneutische Erfahrung auf das Verständnis des Ganzen aus, indem es dieses Schritt für Schritt unablässig überprüft, präzisiert und ggf. modifiziert. Auch die exakteren empirischen Wissenschaften gehen immer von Vor-Annahmen im Sinne von Hypothesen aus, die dann natürlich geprüft (d. h. verworfen oder vorläufig akzeptiert werden) und bei Bedarf modifiziert werden. Damit entspricht das geisteswissenschaftliche Erkenntnis-Modell der Hermeneutik in verblüffender Weise dem Prinzip des naturwissenschaftlichen Konzepts der Hypothese, die ja ebenfalls zunächst einmal gebildet werden muss, um ein Experiment überhaupt sinnvoll planen und beginnen zu können. Diese prinzipielle Entsprechung ist mit-gemeint in dem markanten Aphorismus aus dem Lager der philosophischen Hermeneutik: *Die Natur erklären wir, das Seelenleben verstehen wir.* Damit wird erkenntnistheoretisch das hermeneutische Verstehen und das naturwissenschaftliche Erklären als auf gleicher methodologischen Qualitätsstufe stehend betrachtet – was zu begrüßen ist.

Gadamers Überlegungen zum Prozess des Verstehens stießen und stoßen nach wie vor auf viel Resonanz, weil hier das Phänomen des Verstehens deutlich umfänglicher und ganzheitlicher im Sinne eines oft blitzartigen „Aha-Erlebnisses" gemeint ist: „Wer sagt: ‚Habe verstanden', meint offenbar anderes, mehr und Tieferes als der, der einen Funkruf mit ‚alles Roger' quittiert."[90] Um einen komplexen Sachverhalt zu verstehen, müssen wir die wichtigste Frage von allen stellen: Warum (bzw. wozu) sind die Dinge so, wie sie sind? Ein plötzliches Aha-Erlebnis kann uns dann die Einsicht in einen zuvor undurchsichtigen Sachverhalt vermitteln, indem Zusammenhänge, Ursachen und Wirkungen unmittelbar erkannt und sinnhaft verstanden werden.[91]

Generell beruht die Dynamik des Verstehens auf einem Wechselspiel von Fragen und Antworten, allerdings in einer fortlaufend besser werdenden Weiterbewegung, insofern sollte man zutreffender statt von einem hermeneutischen Zirkel von einer „hermeneutischen Spirale" sprechen, denn es geht um die schrittweise Befreiung eigener

---

89 Popper, 1957
90 Hörisch, 2005, S. 131
91 Beck, 2020, S. 96

Urteile von nicht zutreffenden Annahmen und Wertungen mit Bezug auf eine Sache oder Person.

Damit ist ziemlich genau der Verstehensprozess beschrieben, den man „hautnah" in biographischen Interviews der hier empfohlenen Art erfahren kann – wohl wissend, dass die meisten Dinge im Leben uns lediglich evident sind, d. h. klar und einleuchtend, ohne deshalb (immer auch) beweisbar zu sein[92], oder mit *Einsteins* bekanntem (wenn auch etwas despektierlichen) Ausspruch: „Any fool can know. The point is to understand".

5.2.3 Ihr roter Faden: die „Perlenkette" des Verstehens

Methodisch ist das hier vorgestellte *Biographische Eignungs-Interview* (B–E–I) eine von diversen Varianten der Kategorie „Narrative Interviews".[93] Es basiert auf einem autobiographischen, Erzählungen (Narrationen) evozierenden Vorgehen und besteht aus einer Kette vieler Glieder mit je drei Phasen: Erzählanstoß, Narration und Nachfrage[94]. Die Befragten werden angeregt, spontan etwas zu Inhalten zu erzählen, die sich wesentlich beziehen auf ihren Lebenslauf als geordnete Abfolge von zu bewältigenden Entwicklungsaufgaben. Dabei versetzen sie sich einerseits in die Rolle eines oder einer *Selbsthistoriker:in* („Wie bin ich geworden, was ich bin") und andererseits in die eines oder einer *Selbsttheoretiker:in* („Wie erkläre ich mir, was ich geworden bin, sein werde bzw. sein möchte?").

Die weiter unten folgende Auflistung direkter offener Fragen ist als Roter Faden gedacht für die inhaltlichen Felder in der Abfolge (der „Perlenkette") von relevanten Stationen, Ereignissen, Situationen, Erlebnissen etc. des Lebenslaufs. Allerdings sollten Sie diesen Leitfaden nicht als Fragebogen benutzen! Er soll lediglich als Gedächtnisstütze dienen, denn wir führen keine sog. „Leitfadeninterviews", sondern erzählungsgenerierende Interviews, in denen die Befragten zu einem gerade angesprochenen Thema angeregt werden und sich äußern sollen. Die weitere Strukturierung und die Wahl der einzelnen Themen müssen selbstverständlich von den Interviewenden zielorientiert gesteuert werden.

Die Leitfragen lösen Antworten der Befragten aus (= evozieren solche), die von den Fragenden dann weiterverfolgt werden können, jeweils durch anknüpfendes Nachfragen und damit ausgelöstem Absenken der Erzählschwelle. Dazu erhalten Sie Hinweise aus dem später folgenden Abschnitt 5.3 (Frage-Techniken). Relevante Ge-

---

92 Precht, 2015, S. 489
93 Bernart & Krapp, 1998; Spitznagel, 2000
94 ebd.

sprächsinhalte können verstärkt werden (z. B. Nicken, „hm", „aha" etc.), irrelevante Inhalte abgekürzt (etwa durch Rückkehr zu einem vorherigen und weiter interessierenden Thema). Dabei wechseln die Interviewenden zwischen der Rolle von interessierten, aber relativ schweigsamen Zuhörer:innen, der Rolle von involvierten, engagierten Gesprächspartner:innen und der von (manchmal auch etwas forscheren) Nach- und Rückfrager:innen.

In jedem Fall sollten Interviewende sich vor allem über eher *punktuelle* biographische Situationen/Stationen durcharbeiten und nicht über *längliche* narrative Rekonstruktionen biographischer Passagen, die oft mehr einem Muster der „guten Gestalt" gehorchen als der Realität. Denn auto-biographisch gespeicherte Erlebnisse von epischer Breite haben nicht selten einen mythischen Tenor, sind gefilterte, gereifte, zensierte Darstellungen von persönlich bedeutsamen und als mitteilungswert erachteten Erlebnissen und Entscheidungen. Rückblickend werden diese von Befragten gern als gut begründet dargestellt, auch wenn in vielen Fällen vor allem ein paar Zufälle dazu führten[95]. Ähnlich sieht es der Schriftsteller Max Frisch:

> *„Jeder Mensch erfindet sich früher oder später eine Geschichte, die er für sein Leben hält, oder eine Reihe von Geschichten, die mit Namen und Daten zu belegen sind, so dass an ihrer Wirklichkeit, so scheint es, nicht zu zweifeln ist."* [96]

Dieses Phänomen ließe sich auch als „Persönlichkeitsdesign" bezeichnen: Lebensgeschichten, die mit dem Ziel organisiert sind, sich selbst als motiviert, stabil, berechenbar, lernfähig, nicht durchschnittlich etc. darzustellen. Genau das aber wollen wir in unserer Interview-Gestaltung vermeiden – und dazu ist es erforderlich, allzu breite epische Passagen gar nicht erst aufkommen zu lassen.

5.2.4 Wie viele Interviewende sind optimal?

Was die Anzahl der Interviewenden anbetrifft, so ist aus Sicht und Empfinden von Bewerbenden und zur Ermöglichung einer „intimeren" Vertrauensatmosphäre manchmal nur eine einzige (erfahrene und in diesem Sinne „gute") Person als Interviewer:in optimal. Neuere Forschung hat sogar ergeben, dass es die bessere Wahl ist, vorhandene HR-Ressourcen gezielt und konzentriert einzusetzen: Statt die finanziellen Mittel in die Weiterbildung ganzer Teams zu investieren, bringt

---

[95] Lück, 2013
[96] Frisch, 1964

die Weiterbildung nur der jeweils *besten* Interviewer:innen einen deutlich größeren positiven Effekt auf die Qualität der Personalauswahl.[97]

Gleichwohl sollte zur Erhöhung der Objektivität nach Möglichkeit auch eine zweite Person hinzugezogen werden, allerdings unter der Nebenbedingung, dass eine der beiden die Aufgabe des Interviewens übernimmt und die andere nur zuhört (bzw. auch Notizen macht); diese Aufgabenteilung kann man – wenn man denn möchte – während des Interviews wechseln, z. B. in der ersten Hälfte des Gesprächs Interviewer:in A, in der zweiten B). Wichtig ist aber, dass Befragte sich jeweils auf nur eine interviewende Person fokussieren können. Bei mehr als zwei Interviewenden allerdings pflegt die Gesprächsatmosphäre emotional nicht mehr so vertrauenstiftend zu werden bzw. zu bleiben.

Dabei ist es von besonderem Vorteil, wenn eine der beiden Personen ein:e professionelle:r Eignungsdiagnostiker:in mit psychologischer Vorbildung wäre. Denn paradoxerweise scheint „die Qualität der Personalauswahl umso mehr zu sinken, je wichtiger die Managementfunktion ist."[98] Das aber ist nur damit erklärbar, dass in vielen Unternehmen die Besetzung von Top-Positionen nicht über eine kritische Überprüfung der tatsächlichen Eignung abläuft, sondern über Netzwerke, zu denen als erfolgreich betrachtete Kandidat:innen gehören müssen.[99]

5.2.5 Der optimale Ablauf unseres Interviews

Wir beginnen das Gespräch – nach Begrüßung, Bedanken fürs Kommen, gegenseitigem Vorstellen, Small Talk, Platznehmen etc. – mit einer Einleitung, die zunächst die Funktion hat, weitere Entspannung anzustreben, insbesondere dann, wenn der Raum und die Sitzanordnung oft genug sachlich und eher formal wirken. Eine weitere Funktion der Einleitung ist es dann, eine kurze Vorschau auf den Ablauf, die Inhalte und Ziele sowie die geplante Interview-Zeit zu geben. Dazu kann beispielsweise Folgendes gesagt werden:

> „Unser Gespräch wird ca. 60 bis 90 Minuten dauern und sich im Wesentlichen an Ihrem Lebenslauf orientieren. Dabei möchten wir Sie als Person und Persönlichkeit gern näher kennen lernen, d. h. erfahren und verstehen, wie Sie zu der/dem geworden sind, die/der Sie heute sind."
> (Kurze Pause!)

---

[97] Fifić & Gigerenzer, 2014
[98] Kanning, 2020, S. 182
[99] a.a.O., S. 69 f.

> „Dazu würde ich gern auch kurz etwas aus der früheren Zeit erfahren (bitte vermeiden Sie die Reizwörter *Kindheit* und *Jugend*), um dann die Stationen Schule, Ausbildung/Studium, Berufserfahrungen, bisherige Arbeitgeber, Leistungen und Zufriedenheit mit der Arbeit und schließlich Pläne und Ziele für die Zukunft durchzugehen. Und am Ende würde ich natürlich auch gern Ihre Fragen an uns erfahren und Ihnen ein erstes Feedback geben. Ist das o.k. für Sie?"

Den obigen Textteil können Sie ruhig wörtlich so übernehmen, denn er hat erfahrungsgemäß die Wirkung, dass Kandidat:innen deutlich an Unsicherheit verlieren – auch und vor allem mit Bezug auf Inhalte, die sie für eher privat halten.

Bitte vergessen Sie nicht, noch vor Beginn des Interviews um Erlaubnis zu bitten, während des Gesprächs Notizen machen zu dürfen, deren Löschung in naher Zukunft Sie allerdings zusagen und kurze Zeit später auch realisieren sollten.

Im Folgenden gebe ich Ihnen den schon oben angekündigten „Roten Faden" für das eigentliche Interview an die Hand. Noch einmal zur Klarstellung: Dieser ist nicht als Fragenkatalog, sondern als fortlaufende Gedächtnisstütze zu verstehen und zu benutzen.

5.2.6 „Roter Faden" der offenen Fragen für die relevanten Themenbereiche des Lebenslaufs

1. Schön, dass Sie sich für unsere Unternehmung/Organisation/Behörde interessieren und sich für die Stelle einer/eines ... bewerben. Darf ich fragen, was Sie schon über uns wissen?
   zuhören – zuhören – zuhören...

2. (Als „Eisbrecher" wirkende Äußerung:) Bitte erzählen Sie mir/uns zunächst in aller Kürze, ca. zwei Minuten, **die nackten Daten Ihres tabellarischen Lebenslaufs**. Das ruft mir nochmal meinen ersten Überblick, den ich aus den Unterlagen gewonnen habe, ins Gedächtnis.
   zuhören – zuhören – zuhören...
   (Wenn zu lang oder detailliert, auf später verweisen und sanft abbrechen).

3. Was aus der **früheren Zeit zuhause** hat am meisten dazu beigetragen, wie und wer Sie heute sind?
   zuhören – nachfragen, zuhören – nachfragen ... etc.

4. Was waren Ihre wichtigsten **Lernerfahrungen in der Schule?**
   zuhören – nachfragen, zuhören – nachfragen ... etc.

5. Welche **Lehrer** oder sonstigen Personen haben Sie fasziniert? ... Was genau hat Sie **fasziniert?**
   zuhören – nachfragen, zuhören – nachfragen ... etc.

6. Was haben Sie neben/**außer der Schule** gemacht? ... Was hat Ihnen das gegeben?
   zuhören – nachfragen, zuhören – nachfragen ... etc.

7. Welche Ideen hatten Sie, wie es **nach der Schule** einmal ausbildungsmäßig oder beruflich weitergehen sollte?
   zuhören – nachfragen, zuhören – nachfragen ... etc.

8. Welches waren Ihre wichtigsten Erfahrungen **in der Ausbildung, im Studium?**
   zuhören – nachfragen, zuhören – nachfragen ... etc.

9. Welche **Personen** waren Ihnen da bedeutsam? Und im Hinblick worauf?
   zuhören – nachfragen, zuhören – nachfragen ... etc.

10. Welche arbeits**praktischen Erfahrungen** haben Sie in Schule, Ausbildung oder Studium gesammelt? Was waren die wichtigsten **Lernerfahrungen** daraus?
    zuhören – nachfragen, zuhören – nachfragen ... etc.

11. Welche Ideen hatten Sie, wie es **nach der Ausbildung/dem Studium** beruflich weitergehen sollte?
    Dies ist wiederum (wie die vorgängige Frage Nr. 7) eine **Übergangsfrage**, also eine solche, die den Übergang zu einer nachfolgenden beruflichen Phase betrifft.

    Bei solchen Übergangsfragen kann man deutlich mehr erfahren als dasjenige, was die/der Bewerbende im Anschluss an die vorhergehende Lebenslaufphase ansteuert, sondern – ganz wesentlich – wie es dazu kam, also welche Ideen/Möglichkeiten für die weitere Berufslaufbahn und Lebensabschnittsgestaltung überhaupt in Betracht gezogen wurden.

    Das erhöht die Chance, deutlich mehr von dem beruflich relevanten Innerpsychischen der Kandidat:innen zu erfahren. Jeder weitere berufliche Wechsel sollte ebenfalls in dieser Ausführlichkeit befragt werden. Denn je besser diese Entscheidungsprozesse durchleuchtet werden, ein umso prägnanteres Bild erhält man von dem Wertesystem der Bewerbenden, ihrer Bedürfnisse, ihres Selbstbilds und vom Stil ihres Informations- und Entscheidungsverhaltens angesichts der Gestaltung und Gestaltbarkeit der wichtigsten Lebensmöglichkeiten.

12. Was waren die **befriedigendsten Erfahrungen** in Ihrem Leben?
    zuhören – nachfragen, zuhören – nachfragen ... etc.

13. Welche **negativen Erfahrungen** haben Sie in Ihrem Leben gemacht?
    zuhören – nachfragen, zuhören – nachfragen ... etc.

14. Was waren Ihre zwei oder drei **größten Erfolge**? Und was waren zwei oder drei größere Nicht-Erfolge?
    zuhören – nachfragen, zuhören – nachfragen ... etc.

15. Welche besonderen **Belastungen oder Probleme** gab oder gibt es?
    zuhören – nachfragen, zuhören – nachfragen ... etc.

16. Welchen **Wendepunkt** gab es in Ihrem Leben?
    zuhören – nachfragen, zuhören – nachfragen ... etc.

17. Wenn Ihr **Leben ein Roman** wäre, welcher Titel würde dann am besten passen?
    zuhören – nachfragen, zuhören – nachfragen ... etc.

18. Wovor hätten Sie **am meisten Angst**?
    zuhören – nachfragen, zuhören – nachfragen ... etc.

19. Wenn Sie Ihr **Leben nochmal neugestalten** könnten, was würden Sie ändern?
    zuhören – nachfragen, zuhören – nachfragen ... etc.

20. Welche **Träume und Wünsche** sollen zukünftig noch verwirklicht werden?
    zuhören – nachfragen, zuhören – nachfragen ... etc.

21. **Was fehlt noch,** das ich wissen sollte? Vielleicht Dinge, die wir bis jetzt nicht angesprochen haben, die mir aber helfen könnten, Ihr Potenzial besser einzuschätzen.
    zuhören – nachfragen, zuhören – nachfragen ... etc.

22. Last but not least: **Welche Fragen haben Sie an uns?**
zuhören – nachfragen, zuhören – kurze Diskussion und Information

5.2.7 Die richtige Vorgehensweise: Kein Abfragen!

Zur Erinnerung: Die für die Anforderungen kritischen Situationen in der Biographie werden nicht bei den Kandidat:innen *abgefragt*, sondern von den Interviewenden durch Nachhaken „aufgespürt", und zwar im Berichten der Kandidat:innen über ihren ausbildungs- und berufsrelevanten Lebenslauf. Die methodische Basis ist ein personzentrierter (sog. idiografischer) Zugang bei der Datenbeschaffung, kein fragenzentrierter!

Unsere Fragen werden, wie Sie ja wissen, überwiegend aus dem vorher Gehörten „geboren" (siehe Abbildung 5): Das heißt, die Interviewerin oder der Interviewer stellt eine Frage (Frage 1) und löst damit einen kurzen „Erzählstrom" aus. Dann wählt sie oder er aus den diversen berichteten Inhalten (repräsentiert durch Punkte) einen sie oder ihn interessierenden Inhalt aus und gibt diesen als Frage 2 an die Bewerberin oder den Bewerber zurück; darauf folgt ein weiterer kurzer Erzählstrom, aus dem wiederum ein interessierender Inhalt ausgewählt und als Frage 3 zurückgegeben wird usw. Mit diesem Vorgehen ist übrigens auch leicht zu erreichen, dass die Interviewer:innen von der gesamten Interview-Zeit nur etwa zehn Prozent der Redezeit beanspruchen und die Kandidat:innen die restlichen ca. 90 Prozent.

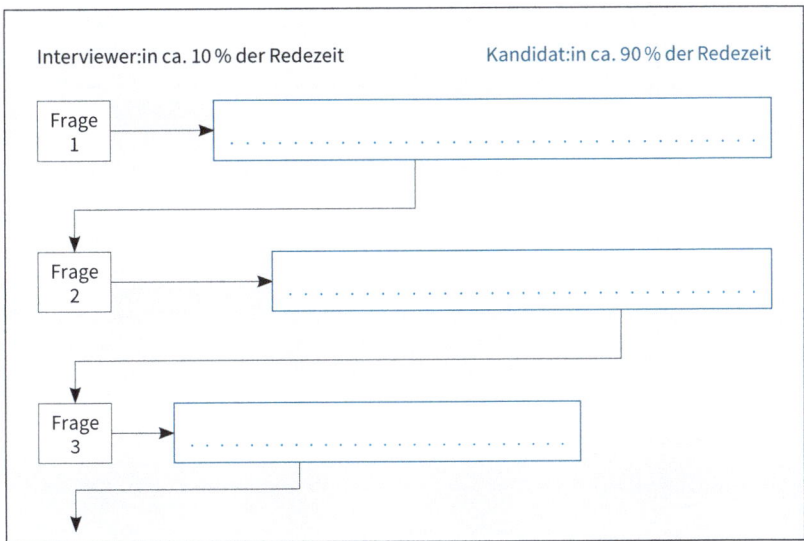

Abbildung 5: Frage-Antwort-Sequenz in einem Erzählstrom

Trotzdem ist es bei diesem Konzept natürlich nicht „verboten", ab und zu auch einmal vorformulierte und engere Fragen zu stellen. Allerdings sollten diese dann inhaltlich passen zu dem Lebenslaufabschnitt, der gerade behandelt wird, und es sollten vor allem solche Fragen sein, die besonders dazu geeignet sind, selbstreflexive Suchprozesse anzustoßen. Hier eine Auswahl:[100]

- Was war der beste Rat Ihrer Eltern?
- Wer war bzw. ist Ihr Vorbild?
- Was haben Ihre Lehrer:innen/Professor:innen über Sie gesagt?
- Wann und warum haben Sie sich für den Beruf entschieden, den Sie heute ausüben (wollen)?
- Welche Personen haben Sie als Ihre wichtigsten Förderer empfunden?
- Auf wen hören Sie?
- Welche:n Manager:in würden Sie gern kennenlernen?
- Was würden Sie sie/ihn fragen?
- Was sind Eigenschaften, die Sie an Ihren Vorgesetzten bewundert haben?
- Welche Entscheidung hat Ihnen auf Ihrem Karriereweg geholfen?
- Wenn Sie anderen Menschen einen Rat für ihren beruflichen Werdegang geben sollten, welcher wäre das?

> ⊃ **EMPFEHLUNG**
>
> Niemand wird all die nachfolgenden Vorschläge zur Technik der Exploration schon beim ersten Durchlesen behalten, geschweige denn beherrschen können. Deshalb rate ich dazu, sich erst einmal nur inspirieren zu lassen und dann eine, zwei oder maximal drei der Vorschläge nach eigener Wahl im Alltag auszuprobieren, so lange, bis diese in geeigneten Gesprächs-Gelegenheiten automatisch zur Verfügung stehen – sagen wir eine Woche lang. Erst danach nehmen Sie die als nächste für Sie interessanten zwei oder drei Vorschläge in Angriff, und so fort.
>
> Tägliches Üben bringt entsprechend Motivierte fragetechnisch erstaunlich weit. Das Thema „Sprache und was sie alles bewirken kann" vermag so zu einem belohnungsstarken Hobby im Alltag zu werden. Belohnend wirkt dabei ganz einfach der sich zwanglos einstellende Erfolg bei der Evokation von sonst viel schwerer bis gar nicht erhältlichen Informationen über sein Gegenüber.

---

[100] Derartige Fragen sind auch in Zeitschriften-Interviews mit bekannten Persönlichkeiten immer wieder zu finden; achten Sie einmal darauf.

5.3 Frage-Techniken zur gezielten Evokation von Eignungsindikatoren: Wie weiche Fragen zu harten Ergebnissen führen

Im Grunde ist es gar nicht so schwer, ein plastisches Bild davon zu erhalten, was die Befragten alles über ihr Verhalten und Erleben wissen, was sie darüber spontan berichten und dies auch reflektieren können und wollen. Dazu

- müssen die meisten der von den Interviewenden zu stellenden Fragen *offen* und *unkompliziert* sein,
- sollten die Interviewenden *gut zuhören*
- und daraufhin *gezielte Nachfragen* stellen.

Das sind im Prinzip schon die wesentlichen Stufen!

Um ergiebiger fragen zu können, kann es sich darüber hinaus lohnen, ein wenig „umzulernen" und sich bestimmte Fragetechniken anzueignen. Diese Techniken sind keine „rocket science", sondern sind wie ein Handwerk erlernbar, und zwar behutsam und Schritt für Schritt. Dadurch, dass Sie diese im Rahmen von üblichen Alltagsgesprächen ganz einfach ausprobieren können, ist das Erlernen zudem ziemlich mühelos möglich.

Nur am Rande: Es ist nach wie vor eine gängige Erfahrung, dass Interviewer:innen, vor allem Führungskräfte, oft eine ziemlich verzerrte Wahrnehmung über den Umfang ihres Redeanteils in Gesprächen wie Interviews besitzen. Sie selbst schätzen ihn oft auf höchstens 50 Prozent ein (was schon viel zu viel wäre), tatsächlich aber liegt er nicht selten sogar bei 70–80 Prozent – was definitiv der Validität eines Gesamteindrucks von einer oder einem Interviewten abträglich ist. Das Grundprinzip nicht-standardisierter (= qualitativer bzw. offener) Interviewführung besteht schließlich darin, so wenig direktiv wie irgend möglich zu verfahren; die Befragten sollen ja ihre eigenen Präferenzen und Relevanzen möglichst unbeeinflusst entwickeln und formulieren können. Wir empfehlen eine Redezeit für die Fragenden von ca. zehn Prozent der gesamten Interviewdauer, der Rest sollte den Befragten gehören. Lassen Sie Ihr Gegenüber ausreden und hören Sie wirklich zu – was manchmal durchaus schwieriger zu sein scheint, als es sich anhört.

5.3.1 Technik 1: Offene Fragen stellen

Offene Fragen zu stellen fällt vielen Menschen unüberhörbar schwer. Leider sind wir in unserer Kultur viel stärker darin geübt, geschlossene Fragen zu stellen. Selbstverständlich muss nicht jede gestellte Frage eine offene sein, aber man sollte sie sehr viel häufiger nutzen, denn Antworten auf offene Fragen führen seltener zu vorbereiteten sprachlichen Äußerungen des Gegenübers und sind meist informativer als solche auf geschlossene Fragen.

Auch reduzieren offene Fragen eine Lenkung der Antwort in Richtung der Interviewenden und ermöglichen erstens von diesen nicht antizipierte Antworten sowie zweitens auch sog. Erzählströme, die oft weitere wichtige Zusatzinformationen produzieren. Dazu kommt, dass sie uns häufig ungefähre Priorisierungen von Inhalten bei den Befragten liefern (was erwähnen diese in welcher groben Reihenfolge und was kommt gar nicht vor).

Überhaupt fungieren die Auskünfte der Kandidat:innen im Kontext solcher Erzählströme praktisch als Vorlage für unsere Nachfragen – ein kaum zu überschätzender Vorteil für die Interviewer:innen. Sie müssen sich dadurch viel weniger eigene Fragen ausdenken, sondern können sie aus den Antworten der Kandidat:innen ableiten.

Den einen Typus geschlossener Fragen erkennt man daran, dass sie sich mit „ja" oder „nein" (bzw. „weiß ich nicht" oder „kommt darauf an") beantworten lassen. Solche geschlossenen Fragen sollten in offene umgewandelt werden, wenn die Befragten dazu angeregt werden sollen, ausführlicher über einen bestimmten Inhalt zu sprechen. Eine offene Frage beginnt in der Regel mit einem „W-Fragewort" (Wie, Wer, Was, Welcher, Warum, Weshalb, Wohin, Woher, Wozu, Wodurch, Wann etc.). Also:

Statt (geschlossen): Können wir dies als Zwischenergebnis festhalten?
Besser (offen): Welches Zwischenergebnis können wir festhalten?

Vorteil: Vielleicht messen Fragende hier *ihrem* Punkt die größte Bedeutung zu, die Befragten jedoch einem ganz anderen (den sie mit einer geschlossenen Frage nie erfahren würden).

Statt (geschlossen): Waren Sie mit den Arbeitsbedingungen zufrieden?
Besser (offen): Mit welchen Arbeitsbedingungen waren Sie zufrieden, mit welchen nicht?
Oder: Inwieweit waren Sie … zufrieden? (Graduierungsvariante).

Vorteil: Bei der obigen geschlossenen Frage erfahren Interviewer:innen nur, ob ja oder nein. Sie ermuntert nicht zur differenzierenden Analyse. Bei einer offenen Frage dagegen erfahren sie auch Inhalte, positive und negative. Um den Inventarisierungsprozess bei derartigen Fragen (z. B. auch bei der Frage nach persönlichen Stärken und Schwächen oder nach Höhen und Tiefen, z. B. im Studium oder im letzten Projekt im Beruf) nicht zu stören, ist es zweckmäßig, zuerst alle Aspekte erwähnen zu lassen, und danach erst eventuell notwendige Klärungen vorzunehmen – wie etwa *„Was verstehen Sie unter ‚Meine Vorgesetzte war zu restriktiv?'"* oder *„Was meinen Sie mit ‚Ich bin ein harter Arbeiter?'"* (s. u. bei *Gezielte Nachfragen stellen*).

Statt (geschlossen):   Und? Reagierte Ihr Kollege erfreut darauf?
Besser (offen):   Und wie reagierte Ihr Kollege darauf?

Vorteil: Diese geschlossene Frage reduziert den inneren Suchvorgang auf eine einzige Begriffskategorie, die nur von „erfreut" bis „verärgert" reicht – und zudem die Kategorie der oder des Fragenden ist. Ein Suchprozess nach anderen denkbaren Reaktionen des Kollegen, wie z. B. Rückzug, Ablehnung, verstärktes Zugehen auf andere, Betroffenheit, Trauer etc. wird durch die Vorgabe von „erfreut" von vornherein blockiert. Erst die offene Frage ermöglicht der befragten Person, ein weitgehend unbeeinflusstes und damit unverfälschtes Erinnern an die Reaktion des betreffenden Kollegen.

Der andere Typus geschlossener Fragen zeigt – oft nach einem Beginn mit einer offenen Frage – zwei (oder mehr) Antwortalternativen auf, aus denen sich die befragte Person eine auswählen kann. Auch solche geschlossenen Fragen sollten zweckmäßigerweise in offene umgewandelt werden, also:

Statt (im 2. Teil der Frage geschlossen):
   Was haben Sie studiert, Naturwissenschaften oder Wirtschaftswissenschaften?
Besser (offen): Wie kam es zur Wahl Ihres Studienfachs?

Vorteil: Die Frage nach Fakten, auch wenn sie offen und ohne nachfolgende Alternativen-Vorgabe gestellt wird, bringt oft weniger Informationen als eine Frage nach dem Zustandekommen dieser Fakten.

Statt (im 2. Teil der Frage geschlossen):
   Welches Hauptproblem besteht: Personalknappheit oder Rationalisierungsmängel?
Besser (offen): Was erscheint Ihnen dabei als das Hauptproblem?

Vorteil: Vielleicht sieht die befragte Person eine ganz andere Alternative. Außerdem äußert sie i. d. R. danach auch noch etwas zur Begründung ihrer Sicht.

Das Vorgeben von Alternativen – als geschlossene Frage der Struktur „War (bzw. ist) das so oder so?", „Haben Sie das oder das getan (bzw.

empfunden?)" o. ä. ist eine sehr verbreitete Frageform, die offenbar Ausdruck der Antizipation seitens der/des Fragenden ist. Aber gerade dadurch beraubt sich die fragende Person der Möglichkeit, mehr oder auch Entscheidenderes oder Tiefergehendes zu erfahren, als er oder sie selbst denkt.

Es dürfte unmittelbar einsichtig sein, dass introvertiert-wortkarge Befragte auf geschlossene Fragen leicht mit „Ja" oder „Nein" (beim ersten Typus geschlossener Fragen) bzw. mit „Das erstere" oder „Das letztere" (beim zweiten Typus) antworten. Dagegen geben sie auf eine entsprechende *offene* Frage zwangsläufig zumindest einen, in aller Regel auch mehrere Sätze als Antwort, die Aufschluss geben können über ihre Priorisierung, Bewertung, bisher nicht angesprochene Fakten/Umstände etc.

Selbstverständlich ist es auch möglich, statt eine offene W-Frage zu stellen, die befragte Person aufzufordern, über einen bestimmten Inhalt zu reden (z. B. „Sagen Sie mir doch bitte etwas über …").

Gelegentliche non-verbale (Augenkontakt, Kopfnicken) und verbale Ermunterungen („Hm", „Aha", „Ach ja", „Das ist interessant" etc.) führen zu ausgedehnteren Erzählströmen, weil jeder von uns einem Menschen, bei dem er auf Resonanz stößt und der sich für ihn interessiert, gerne mehr erzählt.

Übrigens: In der Antwort auf eine konkrete Frage steckt oftmals mehr oder auch anderes, als gefragt wurde.

Schließlich bleibt immer wieder zu empfehlen, die Befragten in aller Regel ausreden zu lassen, also nicht zu unterbrechen und – gerne vernachlässigt – auch Pausen resp. Schweigen zu ertragen: Für eine Antwort brauchen sie eben manchmal etwas Zeit zum Nachdenken. Erst wenn längeres Schweigen offensichtlich Ausdruck einer Blockade, Verweigerung oder Peinlichkeit ist, sollte es mit einer anderen Frage weitergehen.

Dennoch können auch geschlossene Fragen sinnvoll sein: bei nachfragenden Klärungen etwa (s. u.), aber auch bei Kandidat:innen mit Tendenz zum Vielreden. Hier sind geschlossene Fragen eine einfache Technik, um deren Redeschwall einzudämmen.

5.3.2 Technik 2: Unkomplizierte Fragen stellen

Unkomplizierte Fragen sind kurze und einfache Fragen – also:

Statt: Sie erwähnten vorhin, dass Sie Naturwissenschaften wählten. Was sagte denn Ihr Vater dazu. Er war doch ursprünglich der Meinung, … etc.

Besser: Was meinte denn Ihr Vater zu Naturwissenschaften?

Hintergrund: Es ist nicht selten, dass Interviewende bei Fragen selbst zu viel reden, z. B. Einleitung, Begründung, Rechtfertigung der Frage, oder die Rekapitulation der Antworten ohne die Intention der rückbezüglichen Frage (= „aktives Zuhören", s. u.). Dies birgt jedoch die Gefahr, dass eigene Bewertungen offenbar werden und dass die Befragten Zeit zum Überlegen haben, was und wie etwas gesagt werden kann, um sich (ausschließlich) positiv darzustellen.

Des Weiteren gilt: Nur *eine* Frage zurzeit. Keine Doppel- oder Mehrfachfragen stellen, denn die Befragten antworten in der Regel ohnehin nur auf die letzte Frage einer Fragenkaskade. Längere offene Fragen produzieren genauso wie geschlossene Fragen meist kurze Antworten, so dass das Fragen und Antworten leicht zu einem „Ping-Pong-Spiel" verkommt, bei dem die Fragenden häufig unter Stress geraten („Was frage ich noch, was frage ich noch …?").

Kurze offene Fragen dagegen produzieren üblicherweise längere, ergiebige Antworten, mit denen man so viele Stoffangebote von dem Befragten erhält, dass man für weitere Nachfragen leicht etwas Erfolgversprechendes auswählen kann. Dies setzt allerdings genaues Zuhören voraus.

5.3.3 Technik 3: Genau zuhören und verstehen

Schlau ist, wer richtig zuhören kann.
(alte Volksweisheit) [101]

Zuhören ist ein entscheidendes Bindeglied in der Kommunikation, aber auch das notorisch schwächste. Viele Führungskräfte, aber auch Professionals, vernachlässigen das Hören vor lauter Reden, weil es ihnen als der unattraktivere Teil in der Redesituation gilt – äußerlich wirkt Zuhören nämlich passiv. Andere Fragende verhalten sich nach außen zwar zuhörend, denken aber oft an „wichtigere" andere Dinge. Objektiv ist die Zeit dazu vorhanden, denn die Redegeschwindigkeit ist viel geringer als die Denkgeschwindigkeit; und subjektiv tendieren nicht wenige zum Denken an Anderes, weil sie der Meinung sind, dass sie ohnehin schon ziemlich genau wüssten, was die jeweils Befragten jetzt denken und fühlen.

Eine weitere Gruppe von Führungskräften – zumindest in einschlägigen Trainings beobachtbar – konzentriert sich so gründlich auf das Fragenstellen, dass sie nicht wirklich den Antworten der Befragten zuhören. Das kann so weit gehen, dass Fragende eine von ihnen vorge-

---

[101] siehe auch Burley-Allen, 1995

plante Frage stellen, zu der die Befragten bereits vorher ausreichende Informationen gegeben haben. Nur: Wer wirklich verstehen will, was in der anderen Person vorgeht, muss richtig zuhören können und *wollen*. Tatsächlich ist richtiges Zuhören ein innerlich aktiver Prozess: Die Suche nach Bedeutungen hat viel mit Denken zu tun und erfordert Konzentration.[102] „The best managers are great listeners", konstatiert eine umfangreiche Google-Studie.[103]

5.3.4 Technik 4: Erzählgenerierendes Nachfragen

So wie die Fragenden einerseits das Gespräch strukturieren, so lassen sie sich andererseits auch von dessen Fluss leiten, ohne auf eine Inventarisierung wichtiger Themenfelder zu verzichten. Durch die „Suchscheinwerfer-Fragen" ihres Leitfadens (s. o.) werden diese Felder abgetastet (Breitbandverfahren). Dabei werden manche Spuren erst entdeckt, die dann kandidatenzentriert weiterverfolgt werden können, und zwar durch eine narrative Interviewphase zu dem betreffenden Thema, etwa so: „Sie sagten vorhin ... Das ist interessant, erzählen Sie mir doch noch mehr dazu" (= Nachfragen im weiteren Sinne) oder durch klärendes bzw. konkretisierendes Nachfragen (= Nachfragen im engeren Sinne).

Beide Nachfragearten signalisieren den Befragten, dass die Fragenden an den Antworten sowie an der Person der Interviewten interessiert sind, gut zugehört und den Inhalt insoweit verstanden haben, sie aber auch noch mehr erfahren und verstehen möchten. Wichtig dabei ist, dass die Fragenden durch ihre Reaktionen auf die Antworten der Befragten lediglich zur gezielten Exploration stimulieren. Reagieren sie merklich im Sinne Ihrer eigenen Bewertungskriterien (z. B. durch unüberseh- bzw. -hörbares Gutheißen oder Missbilligen, z. B. auch durch Suggestivfragen wie „Sind Sie nicht auch der Meinung, ..."), besteht die Gefahr, dass Sie die Befragten auf diese konditionieren und dass dann deren weitere Antworten nur noch geringe diagnostische Valenz besitzen können. Ausnahme: In konfrontierend-provozierender Absicht können Fragende (fiktive oder authentische) Bewertungen kundtun (z. B. „Das kann ich nicht glauben" oder „Das meinen Sie wohl nicht im Ernst" und dabei jeweils freundlich lächeln).

Grundsätzlich gilt: Sie sollten immer nachfragen, wenn die Chance hoch erscheint, weitere relevante Inhalte zu erfahren. Das erfordert natürlich ein ständiges zielbezogenes Abwägen darüber, was schon gut aufgeklärt ist und wo noch Explorationsbedarf besteht.

102 Niekerken, 2020
103 Bariso, 2018

Beispiel für einen narrativen Anstoß (Nachfragen im weiteren Sinne):

Kandidat:in: Meine Eltern hatten ja einen Bauernhof... Unsere Großeltern wohnten auch noch dort, und die hatten in vielen Dingen eigentlich das Sagen.
Interviewer:in: „... hatten das Sagen?" Können Sie mir dazu mehr erzählen?
Kandidat:in: Oh ja, das kann ich. Sie waren in Wirklichkeit die eigentlichen Hofmanager ... und was meine Erziehung z. B. betraf, hat meine Großmutter mir schon früh eingebläut: „Du musst immer wie ein guter Sportler sein im Leben, ehrgeizig und fair!" Das hatte immerhin zur Folge, ... und mein Großvater...

In Bezug auf Nachfragen im engeren Sinne gibt es drei Aktionsfelder:
1) unvollständige Fakten per Nachfrage vervollständigen (nicht übertreiben und nicht inquisitorisch werden),
2) Dinge, die über verbale Hinweise „rausrutschen", zurückspiegeln (= „aktives Zuhören"), um sie genauer zu erkunden, und
3) Dinge, die durch verbale Einschränkungen verdeckt bleiben, hinterfragen.

Ad 1): Unvollständige Fakten per Nachfrage vervollständigen:

Beispiel a): Wenn jemand im Zusammenhang mit seinem Bericht über das Studium zwar die Abschlussnote nennt, nicht aber (auch ohne verschleiernde Absicht) die Studiendauer, so sollte diese erfragt werden, um eine bessere Beurteilung der Gesamtleistung zu ermöglichen. Natürlich ist es dann immer noch eine Frage des herangezogenen Bewertungsmaßstabes oder sonstiger Umstände, ob man z. B. eine 1,0 nach 14 Semestern höher bewertet als eine 3 nach acht Semestern.

Beispiel b): Viele Fragende vergessen bei Ist-Wert-Angaben seitens der Befragten, den zugehörigen subjektiven Soll-Wert (= Aspirationsniveau) abzufragen. Wenn jemand eine Vier im Diplom-Examen hatte, kann er durchaus damit zufrieden sein, weil sein Soll-Wert das schlichte Bestehen war. Ein anderer kann bei einer Zwei in Selbstzweifel geraten, weil er um jeden Preis eine Eins angestrebt hatte. Motivational bedeutsam jedenfalls ist die Differenz (das „Delta") zwischen Ist und Soll und nicht der Ist-Wert allein.

Ad 2): Gefühle, Bewertungen oder Dinge, die über verbale Hinweise „herausrutschen", zurückspiegeln:

Beispiel a):

> Kandidat:in: Ich habe mich über die 1,4 im Abi riesig gefreut.
> Statt: Das kann ich verstehen, ist ja auch eine tolle Sache.
> Besser: (Aufgreifen des *emotionalen* Hinweises): Weswegen riesig? (bzw. sogar nur: Riesig?)

Die Antwort auf die Frage „Riesig?" lautete in diesem konkreten Fall übrigens: „Ja, weil ich meiner vorherigen Englisch-Lehrerin damit beweisen konnte, wie sehr sie sich in mir getäuscht hatte, als sie ein Jahr vorher meinte, ich würde das Abitur nie schaffen. Das hat mich richtig stolz gemacht – ach nein, eigentlich war es eine Mischung aus Rache und Stolz."

Beispiel b):

> Interviewer:in: Welche Ideen hatten Sie vor Abschluss des Examens darüber, wie es weitergehen sollte?
> Kandidat:in: Oh, ich hatte hochfliegende Pläne!
> Interviewer:in: Statt: Was waren das für Päne?
> Besser: Hochfliegend?

Die Antwort darauf war: „Ok, das hat sich dann doch noch gegeben, …, aber einen gewissen Anspruch auf Karriere habe ich schon noch."

Ad 3): Dinge, die durch verbale Einschränkungen verdeckt bleiben, hinterfragen:

Der Informationsgehalt von Aussagen wie „Ich bin wütend" (Worauf?) oder „Keiner informiert mich!" (Wer vor allem nicht? bzw. In Bezug worauf?) ist ohne weitere Hinweise gering. Erst durch entsprechende Nachfragen (in Klammern) kann ein präziseres Bild davon entstehen, was und wie die Gesprächspartner denken oder fühlen.

Um die Befragten in ihrem Eintauchprozess nicht zu stören, empfehlen sich zwei Verhaltensregeln, von denen wir die erste bereits kennen:

1. Verwenden Sie Worte sparsam und wählen Sie möglichst die kürzeste Frageform.

   Zum Beispiel, wenn die Befragten an einer wichtigen Stelle sagen „Ich trau' mich nicht", sollten wir sie nicht durch eine vielleicht längere oder komplizierte Frage zwingen, diesen Eintauchprozess zu unterbrechen. Deshalb ist z. B. die simple Frage „Warum nicht?" günstiger als etwa „Ja, Sie sprachen schon das letzte Mal davon. Haben Sie denn eine Idee, warum Sie sich nicht trauen könnten oder seit wann Sie diesen mangelnden Mut verspüren?"

2. Greifen Sie die Worte, Begriffe und Bilder des Befragten auf. Ebenso störend für den Eintauchprozess wäre es, nach der Äußerung der Befragten „Ich trau' mich nicht" z. B. zu fragen „Warum haben Sie Angst?" Dadurch wären die Befragten gezwungen, aus deren Bild oder Gefühl aufzutauchen, den Begriff „Angst haben" mit „nicht trauen" zu vergleichen, auf seine Passgenauigkeit zu überprüfen, dann entweder zurückzuweisen oder bei dem neuen Begriff wieder einzutauchen. Deshalb ist es besser, den Eintauchprozess des Befragten nur durch die Hinzufügung eines knappen Fragewortes weiter anzustoßen und zu fördern.

Beispiel:

Kandidat:in: Ich trau' mich nicht.
Interviewer:in: Warum nicht?
Kandidat:in: Weil ich bei solchen Projekten immer scheitere.
Interviewer:in: Bei welchen Projekten genau?
Kandidat:in: Nicht, wenn ich Team-Mitglied bin, nur wenn ich allein verantwortlich bin.
Interviewer:in: Wie oft waren Sie allein verantwortlich?
Kandidat:in: Einmal.
Interviewer:in: Und einmal ist immer?
Kandidat:in: Nein, das natürlich nicht, aber …

5.4 Techniken und Konzepte zum ergiebigen Nach- und Weiterfragen

5.4.1 Illustrierung/Verifizierung durch Beispiele

Nicht selten stellen Befragte Behauptungen über ihr Verhalten und Erleben auf, die recht allgemein gehalten sind. Solche Aussagen – sofern als relevant vermutet – sollten sich die Fragenden durch Beispiele verifizieren lassen.

Beispiel 1:

Kandidat:in: Im Sport muss ich eigentlich immer der erste sein.
Interviewer:in: Können Sie mir dafür mal ein paar Beispiele nennen?

Beispiel 2:

> Kandidat:in: Das war schon früher bei mir so. Wenn ich mit einem Vorgesetzten nicht klarkam, habe ich zurückgeschossen.
> Interviewer:in: Können Sie mir das mal an ein oder zwei Beispielen illustrieren?

5.4.2 Verhaltensdreiecke vervollständigen

Aber auch bei Verhaltensbeispielen bietet die oder der Befragte nicht immer alle Informationen an, die zu einer validen Beurteilung des Sachverhaltes führen könnten. Grundsätzlich geht es hier um die Inventarisierung folgender drei Komponenten:
1) Es gibt eine *Situation*, eine Aufgabe, eine Ausgangslage.
2) Diese erfordert ein Vorgehen, eine Maßnahme, eine *Handlung* (Unterlassung).
3) Damit wird ein *Ergebnis*, eine Auswirkung, ein Effekt erreicht, und somit ggf. eine neue Ausgangslage für das nächste Verhaltensdreieck.

Als Gedächtnisstütze dazu kann man sich das in Abbildung 6 skizzierte *Verhaltensdreieck* merken.

Werden nicht alle drei Elemente hinreichend expliziert, sollten die Fragenden sie durch gezielte Anschlussfragen ergänzen und damit das Verhaltensdreieck vervollständigen, z. B. die Ausgangssituation und/oder die eigenen Handlungsanteile konkret nachfragen. Denn vollständig beurteilbar wird ein Sachverhalt erst, wenn keines der drei Elemente fehlt.

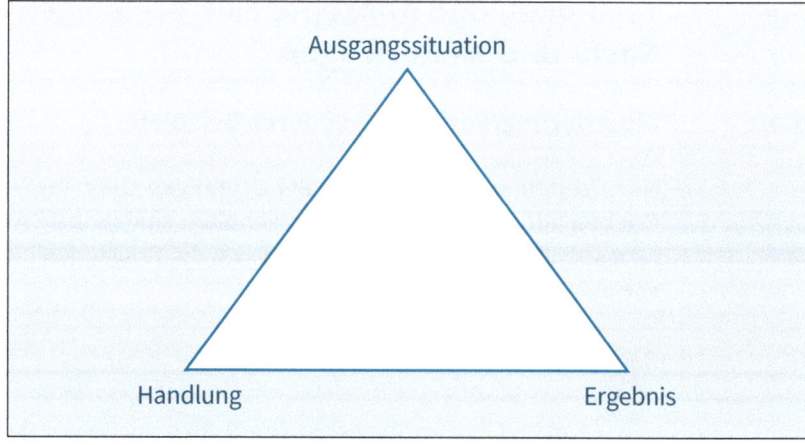

Abbildung 6: Das Verhaltensdreieck

Beispiel 1:

> Interviewer:in: Wie waren Sie in der Berufsschule?
> Kandidat:in: In Mathe war ich nicht gut; sonst ging es.
> Interviewer:in: Und wie ging das mit Mathematik?
> Kandidat:in: Ich habe gelernt, mein Vater hat mir jeden Sonntag Nachhilfe gegeben, und so habe ich im Abschlusszeugnis eine Vier bekommen können.

Die oder der Kandidat:in beschreibt die Situation, dann auf Nachfrage das Vorgehen und den Erfolg (der sich ja im Rahmen hielt). Da alle drei Komponenten erfragt wurden, ist der Sachverhalt nun gut beurteilbar.

Beispiel 2:

> Interviewer:in: Haben Sie in Ihrem Sportverein irgendeine Spezialaufgabe?
> Kandidat:in: Ja, ich bin zum Kassenwart gewählt worden.
> Interviewer:in: Und was machen Sie da?
> Kandidat:in: Ich habe das Amt nach sechs Wochen wieder abgegeben, weil wir ein Baby bekamen.

5.4.3 Konkretisieren abstrakter Modelle

Nicht selten werden von Befragten rein abstrakte Modelle angeboten, die für jeden Menschen in vergleichbarer Situation gelten, die aber nichts Besonderes über das Verhalten des Befragten aussagen.

Beispiel 1:

> Interviewer:in: Warum haben Sie bei Ihrem letzten Arbeitgeber gekündigt?
> Kandidat:in: Ach wissen Sie, wie das so ist, es gibt natürlich überall Positives und Negatives, aber wenn das Negative überwiegt und das Fass langsam voll wird, dann braucht es am Ende nur noch einen letzten Tropfen. Und das war im letzten Sommer halt der Fall.

Auf eine solche Antwort muss die fragende Person unbedingt konkretisierend nachfragen:

Was im Besonderen war denn für Sie positiv? ... Und was negativ? ... Und was schließlich war konkret der letzte Tropfen?

Beispiel 2:

> Interviewer:in: Unter welchen Bedingungen, Faktoren, Anlässen würden Sie Ihr Bestes geben?
> Kandidat:in: Wenn die Aufgaben interessant sind, mich fordern, ...
> Interviewer:in: Wann sind Aufgaben für Sie interessant, wann fühlen Sie sich gefordert?

5.4.4 Kausalität – Finalität

Auch wenn die Fragenden Erzählströme der Befragten erhalten möchten, so sollten sie doch nicht allein Fakten, sondern auch Motive und andere Ursachen sowie Absichten und Ziele erfahren wollen. Dazu sollten Interviewende mehr Erklärungen und Bestrebungen und weniger pure Erzählungen anstreben, d. h. eine *Reduktion des Episodischen zugunsten des Selbstreflektorischen*.

Bezogen auf die Zeitachse gibt es zu einer Handlung oder einem Ereignis drei Fragemöglichkeiten (vgl. Abbildung 7):
1) situativ, also in Richtung der Handlung *selbst*, z. B. „Wie haben Sie das empfunden?", „Was genau haben Sie getan?",
2) kausal, also in Richtung *vorgängiger* Faktoren/Bedingungen,
3) final, also in Richtung *nachfolgender* Ereignisse, Ergebnisse, Erfahrungen, Verhaltens- und Erlebensweisen, aber auch Absichten und Ziele.

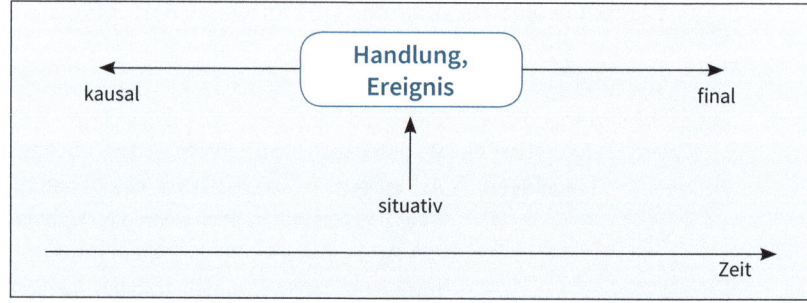

Abbildung 7: Kausalität vs. Finalität

Hierbei ist für uns besonders die Unterscheidung von Kausalität und Finalität entscheidend. Der Mensch ist nämlich nicht nur ein kausal (aufgrund von Umständen und Motiven) re-agierendes, sondern auch ein final (intentional auf Absichten, Bestrebungen und Ziele hin) *agierendes* Wesen.

Kausale Fragen sind z. B.: Wie erklären Sie sich ...? Worauf führen Sie zurück, dass ...? Was hat Sie gehindert, das zu tun (zu unterlassen)?

Beispiel:

> Kandidat:in: Von der 11. bis zur 13. Klasse war ich Klassensprecher.
> Interviewer:in: Statt: Wie sind Sie das geworden?
> Besser: Was, glauben Sie, hat Sie wählbar gemacht?

Hintergrund: Auf die erste Frageformulierung würde wahrscheinlich nur die Beschreibung des Wahlvorgangs berichtet werden (vielleicht: „Das wollte keiner machen, dann habe ich mich gemeldet, und wurde prompt gewählt"), auf die zweite Formulierung („Was, glauben Sie, hat Sie wählbar gemacht?") dagegen kamen als Antwort selbsttheoretisch vermutete Gründe, die Bedeutsames über den oder die Kandidat:in selbst aussagten: „Das war meine Art: Ich war eher introvertiert, einer, der den Unterricht nicht störte, aber auch ein guter Schüler, dennoch kein Schleimer, so dass ich wohl für die anderen Schüler:innen unbedrohlich und für diese und die Lehrerin vermittlungsfähig erschien."

Finale Fragen sind z. B.: Mit welchem Ziel/welcher Absicht haben Sie dies unternommen? Welche Folgen hatte das für Sie? Welche Schlüsse haben Sie daraus gezogen? Was haben Sie daraus gelernt?

Beispiel 1:

> Kandidat:in: Ich wollte unbedingt neben diesem großen Projekt noch das andere kleinere parallel fahren.
> Interviewer:in: Statt (nur): Und was ist daraus geworden?
> Besser: Was war Ihre eigentliche Absicht dabei?

Beispiel 2:

> Statt: Schildern Sie mir doch mal Ihre Aufgaben und Tätigkeiten bei dieser Jobrotation.
> Besser: Was waren die wichtigsten Lernerfahrungen für Sie bei dieser Jobrotation?

Schließlich gibt es gelegentlich auch Handlungen oder Ereignisse, bei denen es sich lohnen kann, auf mehrfache Art, also situativ und/oder kausal und/oder final zu fragen, z. B.:

> Kandidat:in: In der Abschlussprüfung bin ich durchgefallen.
> Interviewer:in: Wie haben Sie das empfunden? (situativ)
> Worauf führen Sie das zurück? (kausal)
> Was haben Sie für die Zukunft daraus gelernt? (final)

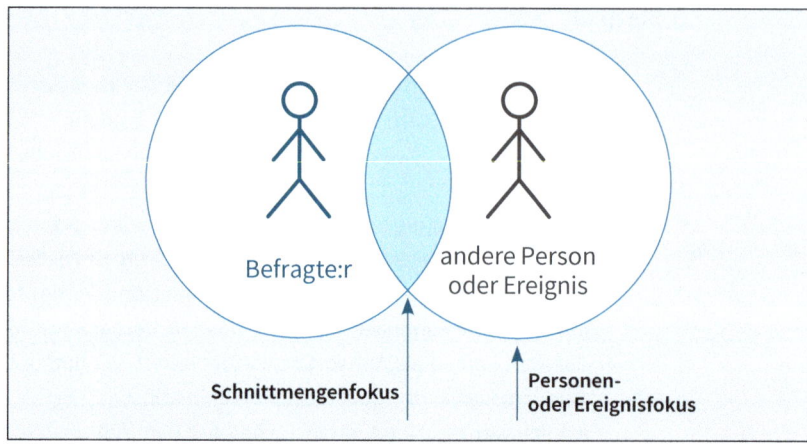

Abbildung 8: Fokussieren Sie nicht auf ein berichtetes Ereignis oder eine Person, sondern auf deren jeweilige Schnittmenge mit den Befragten

5.4.5 „Schnittmengen" erfragen

Sehr hilfreich kann es sein, wenn die Befragten besondere Ereignisse oder Personen aus ihrem Umfeld erwähnen, an denen sie sich z. B. orientiert haben. Anstatt nur etwas über die betreffenden Ereignisse bzw. Personen selbst zu erfahren, ist es hier diagnostisch aufschlussreicher, was dem Befragten das Ereignis oder die Person bedeutet hat, bzw. was sie mit der Person gemeinsam hat. Deshalb sollten Interviewende hier von vornherein die „Schnittmenge" ansprechen und nicht das Ereignis oder die Person allein (siehe auch Abbildung 8).

Beispiel 1:

Statt: Was erinnern Sie noch aus Ihrer Jugendzeit?
Besser: Was erinnern Sie noch aus Ihrer Jugendzeit, das für Ihre persönliche Entwicklung bedeutsam war?

Hintergrund: Auf die erste Frageformulierung würde eine befragte Person vielleicht diagnostisch völlig belanglos antworten: „Den kleinen roten Bus, der uns morgens vom Dorf in die Schule brachte". Dazu kommt, dass sie ohne die präzisierende Nebenbedingung der Schnittmenge selbst darüber spekulieren muss, was den Interviewenden wohl wichtig sein könnte. Bei der zweiten – präziseren – Formulierung weiß die befragte Person genau, wonach sie erinnerungsmäßig suchen muss. Die ergiebige Antwort darauf könnte z. B. lauten: „Das war der unerschütterliche Glaube meiner Mutter daran, dass sie mit ihrer Geschäftsgründung Erfolg haben würde. Das hat mich doch sehr beeindruckt…"

Beispiel 2:
Ein Befragter hat geäußert, dass er viel mit seiner früheren Vorgesetzten gemeinsam habe.

> Statt: Dann beschreiben Sie mir doch mal diese Vorgesetzte.
> Besser: Und was genau, glauben Sie, haben Sie mit dieser früheren Vorgesetzten gemeinsam?

Beispiel 3:
Nachdem eine Befragte geäußert hat, dass sie ihr Mathematiklehrer fasziniert habe:

> Statt: Können Sie mir denn mal Ihren Mathematiklehrer beschreiben?
> Besser: Was genau hat Sie denn an ihm fasziniert?

Beispiel 4:

> Interviewer:in: Gab es Lehrer:innen, die Sie fasziniert haben?
> Kandidat:in: Ja, mein Zeichenlehrer, der hat mich sehr beeindruckt.
> Interviewer:in: Beeindruckt? Wodurch?
> Kandidat:in: Er konnte was, hatte ein starkes Selbstbewusstsein und eine koddrige Schnauze. Der hat sich damit gehörigen Respekt verschafft.

Hintergrund: Es dürfte unnötig zu erwähnen sein, dass derartige Bewunderungen unbewusst eigene Ziele verraten, allerdings sollte man das nicht in unmittelbarer Nachfrage zu verifizieren versuchen (etwa mit: „Möchten Sie nicht auch so sein können?"); eine solche Frage pflegt nämlich in diesem Kontext ziemlich sicher negiert zu werden.

5.4.6 Sogenanntes „Aktives Zuhören"

Beim *aktiven Zuhören* achten die Interviewenden vor allem auf die emotionalen Anteile einer Aussage der Befragten. Sie können darauf reagieren mit nonverbalen Aufmerksamkeitsreaktionen, aber auch mit verbalen. Zu den nonverbalen Reaktionen gehören Augenkontakt, Kopfnicken, Hinwendung des Oberkörpers, Mimik etc.; zu den verbalen Reaktionen zählen kurze Bestätigungslaute wie *ah, hm, ach,* eine ganze Anzahl möglicher kurzer Bemerkungen wie „Das ist interessant", „Wurde das so gesagt?", „Tatsächlich?" oder Ähnlichem. Insgesamt kann mit aktivem Zuhören erreicht werden, dass Befragte sich ausgiebiger zu dem gerade in Rede stehenden Thema äußern.

Zum aktiven Zuhören gehört aber auch das Nachfragen bei einem *Selbst-Priming* der Befragten (siehe nachfolgend: fett gedruckte Wörter). Zu diesem Zweck sollte auf solche vielversprechenden Schlüsselwörter geachtet werden, aber auch auf entsprechende Phrasen und Ideen der Befragten. Interessierende Teile der Aussage können zu einer Anschlussfrage an die Befragten herangezogen werden. Durch das Priming der Befragten selbst (d. h. durch deren eigene Schlüsselwörter) sowie deren Wiederholung durch die Interviewenden erhöht sich die Chance, dass bei der nachfolgenden Antwort der Befragten auch diverse vor- bis unbewusste Inhalte mit „an die Oberfläche spülen". Denn, wie wir ja schon von den Neurowissenschaften wissen, sitzt das Bewusstsein „nicht am Steuer".[104]

Beispiele: Höre und frage!

Kandidat:in: … da habe ich meinen **ganzen Ehrgeiz** reingesteckt.
Interviewer:in: Ihren *ganzen Ehrgeiz*?

Kandidat:in: Ich liebe diese **Herausforderung**.
Interviewer:in: Was genau empfanden Sie als *Herausforderung* in der Situation?

Kandidat:in: Meine Mathe-Lehrerin hat mir **imponiert**.
Interviewer:in: *Imponiert* in Bezug worauf?

Kandidat:in: Das empfand ich als **ausgesprochen positiv**.
Interviewer:in: Und was war *weniger positiv*?

Kandidat:in: Das war schon **eine schöne Erfahrung**.
Interviewer:in: Was war denn dabei *so schön*?

Kandidat:in: Meine Freundin war ein **Wendepunkt** in meinem Leben.
Interviewer:in: Das kann ich verstehen, und gab es noch *ganz andere Wendepunkte*?

Kandidat:in: … dass man dort wirklich **was gelernt** hat.
Interviewer:in: Was vor allem haben Sie denn da *gelernt*?

Kandidat:in: **Sport** war mir immer wichtig.
Interviewer:in: Was gibt Ihnen der *Sport*?

---

104 Eagleman, 2013, S. 226 f.

Kandidat:in: … habe dazu so meine **Vorstellungen**.
Interviewer:in: Welche *Vorstellungen* im Besonderen?

Kandidat:in: … wollte meine **Phantasien und Träume** beim Gitarre-Spielen verwirklichen.
Interviewer:in: Welche *Phantasien und Träume* waren das?

Kandidat:in: Meine Mutter hatte **keine Wärme.**
Interviewer:in: Was denn *anstelle von Wärme*?

Kandidat:in: … habe **ehrenamtlich** in der Kirche **gearbeitet**.
Interviewer:in: Was hat Sie zur *ehrenamtlichen Arbeit* bewogen, bzw. Was hat sie Ihnen gegeben?

Kandidat:in: Ich bin nicht der klassische **harte Knochen**.
Interviewer:in: Sondern?

Kandidat:in: In der Schulzeit war ich ein **Faulpelz**.
Interviewer:in: Und wie wurden sie den *Faulpelz dann los*?

Kandidat:in: … die Erziehung meiner **Geschwister**.
Interviewer:in: Wie war Ihre Rolle im Konzert der *Geschwister*?

Kandidat:in: … das war mein größter **Erfolg**.
Interviewer:in: Welchen *Anteil* hatten Sie persönlich an diesem *Erfolg*?

Kandidat:in: Diese Leute waren **Vorbilder** für mich.
Interviewer:in: *Vorbilder* im Hinblick worauf?

Kandidat:in: … ging damals wahnsinnig gern ins **Theater**.
Interviewer:in: Was hat das *Theater* Ihnen gegeben?

Kandidat:in: … habe dann das **Psychologiestudium** gewählt.
Interviewer:in: Was war denn für Sie so toll am *Psychologiestudium*?

Kandidat:in: Davor habe ich eine **Klasse übersprungen**.
Interviewer:in: Wie kam es zu *diesem Überspringen*?

Kandidat:in: … der hatte einen **merkwürdigen Managementstil**.
Interviewer:in: Welcher *Managementstil* wäre denn für Sie vorbildlich?

Kandidat:in: … ging dann ein halbes Jahr **in die USA**.
Interviewer:in: Wie hat sich Ihr *USA-Besuch* auf Ihren weiteren Werdegang ausgewirkt?

Kandidat:in: … wollte eigentlich in die **Öffentlichkeitsarbeit**.
Interviewer:in: Was hat Sie denn an der *Öffentlichkeitsarbeit* so fasziniert?

Kandidat:in: … habe mich bei der **Feuerwehr engagiert**.
Interviewer:in: Welchen Nutzen ziehen Sie aus *diesem Engagement* für auch andere Bereiche?

Kandidat:in: … da habe ich **weniger Probleme**.
Interviewer:in: Wo liegen denn für Sie *mehr Probleme*?

Kandidat:in: … entdeckte ich meine **Liebe zur Werbebranche**.
Interviewer:in: *Werbebranche?* Woher kam diese *Liebe zur Werbung*?

Anmerkungen zum Priming

Priming bedeutet, dass implizite, also un- oder vor-bewusste Gedächtnisinhalte, Denkoperationen, Gefühle oder Verhaltensweisen durch einen „bahnenden" Reiz, z. B. ein Wort oder Begriff, eine Zahl oder ein Bild aktiviert werden und diese dann verstärkt bewusst werden. Das eigene Priming der Befragten selbst sollte, wie oben beschrieben, durch die Fragenden wiederholt werden. Dieses Wiederholen hilft den Befragten dabei, die zugehörigen und oft auch tieferliegenden Gedächtnisinhalte zugänglicher werden zu lassen.

Jedenfalls: Die Antworten auf derartige Nachfragen wie oben geben nicht nur den Fragenden einen besseren Einblick in die Gedanken- und Gefühlswelt der Befragten, sondern auch den Befragten selbst. Aufgrund der durch treffende Nachfragen forcierten Reflektionen der Befragten – im kooperativen Wechselspiel zwischen Fragenden und Befragten also – stellen sich neue Erkenntnisse ein. Oft begreifen die Befragten erst durch solche Nachfragen ihre zugrundeliegenden Gefühle und Denkmuster und weichen nicht mehr so schnell auf Allgemeinplätze, stillschweigende Voraussetzungen etc. aus.

Allerdings: Wird zu hektisch und fast jede Äußerung der Befragten mit einer Nachfrage pariert, empfinden sie das leicht als „Bestrafung" für ihre Antworten und schränken diese ein – was natürlich unserer Absicht, Erzählströme zu erzeugen, entgegenliefe. Um einen Dialog nicht zu einem Verhör verkommen zu lassen, sind also Maß- und Balancehalten unabdinglich.

5.4.7 Zwischentöne der verbalen Sprache und die Sprache des Körpers

Verbale Sprache ist mehr als der Austausch von Informationen. Genauso wichtig wie der Inhalt eines Gesprächs sind nämlich die Atmosphäre und der Wortgebrauch. Menschen sind Experten darin, Zwischentöne zu erkennen und ins Gespräch einfließen zu lassen. Wichtig ist, dass zwischen der verbalen und der nonverbalen Kommunikation in Form von Gestik, Mimik und Stimme kein Widerspruch aufkommt. Wenn Bewerbende z. B. sagen: „Ich würde mich in diesem Job sehr wohl fühlen", während ihre Mimik, Gestik und Stimmlage eher das Gegenteil zum Ausdruck bringen, werden natürlich Zweifel an dem Zutreffen der verbalen Aussage aufkommen.

Während sich das Sprachzentrum in der linken Hirnhälfte auf den semantischen Inhalt konzentriert, arbeiten in der rechten Hirnhälfte bestimmte Regionen an der Analyse der Sprachmelodie. Allein die Intonation macht aus einem vorwurfsvollen „Entschuldigung?!" ein höfliches „Entschuldigung"[105].

Auf die Frage, woran man gute Manager:innen erkenne, antwortete der Psychologe *Dietrich Dörner* in einem Presse-Interview[106]: „Unter anderem an der Sprache. Schlechte Problemlöser nutzen oft Begriffe wie *fraglos, eindeutig, ausnahmslos, einwandfrei*. Alles absolute Begriffe, die einen Mangel an Selbstreflexion offenbaren. Als besonders erfolgreich eingeschätzte Führungskräfte dagegen zeigen sich bedächtiger, flexibler und machen auch mal einen Rückzieher."

In der Tat können fremde Personen besser eingeschätzt werden, als man früher glaubte, vor allem die Eigenschaften „Gewissenhaftigkeit", „Extraversion" und „Intelligenz". Allerdings basiert dabei die Einschätzung nicht allein auf dem optischen Eindruck von Mimik und Gestik; als besonders wichtig für die Treffsicherheit erwies sich auch hier die Sprache.[107] Der Eignungsdiagnostiker *Heinz Schuler* berichtet aus seinen Forschungsergebnissen, dass sich unstandardisierte Interviews als durchaus geeignet erweisen, die Eigenschaft „Intelligenz" zu erfassen – und zwar durch das Medium des Gesprächs an sich. Es scheint so zu sein, dass sich „durch Verhalten, Aussagen und Ausdruck der Bewerbenden unwillkürlich ein Eindruck beim Beobachter formt, ohne dass dieser sich darum bemüht hätte".[108] Derart gute Beurteilungsleistungen in der Folge eines umfangreichen Interviews dürften

---

105 so der Neurobiologe Beck, 2019
106 Frankfurter Allgemeine Sonntagszeitung, 02.01.2005, S. 27
107 Borkenau, persönliche Kommunikation, 2006
108 Schuler, 2018b, S. 181

wohl auch für viele andere Persönlichkeitseigenschaften anzunehmen sein.

Von dem angesprochenen Inhalt der verbalen Sprache über die Intonation (Hörbarkeit) dieser Sprache und deren Bedeutungsmitteilung kommen wir geradewegs zu einer sichtbaren Sprache, der *Körpersprache*. Körpersprache zu verstehen kann man üben. Gesichter deuten, Gesten interpretieren, das lässt sich trainieren: im richtigen Leben und/oder mithilfe von Büchern und Videos.[109] Dazu zwei Beispiele aus der Forschung: Wenn Bewerber:innen einfach geradeaus (statt nach unten) schauten, wurden sie als lebhaft, selbstsicher und zuverlässig eingeschätzt und sogar häufiger auch eingestellt. Bewerber:innen, die eine höhere Quote bei Augenkontakt, Kopfbewegungen und Lächeln zeigten, erzielten damit immerhin noch höhere Gesamtbewertungen.[110]

Die Literatur zum Thema Körpersprache ist allerdings heterogen bzgl. Seriosität und wissenschaftlicher Fundierung.[111] Ein empfehlenswerter, wenn auch umfangreicher Band dazu ist der von *Argyle*.[112]

5.5 Hinweise zur Interpretation von Antworten

Schon in der Bereitschaft und Offenheit des Berichtens über sich selbst liegt ein erster Hinweis. Offenheit ist eine der Voraussetzungen für Vertrauen: Menschen mit höherem Potenzial haben i. d. R. keine Schwierigkeiten, sich zu öffnen und mehr als sonst üblich von sich zu erzählen. Sie sind Menschen mit einer sozusagen „unkomplizierten" Persönlichkeitsstruktur, sie übertreiben nicht in positiver Richtung (überzogene Selbstdarstellung) oder in negativer (Skepsis oder Ängstlichkeit vor Selbstoffenbarung).

Um ein umfassenderes Bild von der Leistungsfähigkeit und -bereitschaft von Aspirant:innen für Führungs- oder Professional-Funktionen zu erhalten, brauchen wir natürlich detailliertere Informationen, die wir interpretativ gewinnen aus den Äußerungen der Kandidat:innen im Verlauf des Interviews. Dazu sollen die nachfolgenden Hinweise zur Interpretation von Antworten dienen. Sie folgen der biographischen Sequenz der Informationsfelder *Sozialer Hintergrund, Schule, Ausbildung, Berufslaufbahn* etc.[113]

---

109 Löhken & Peters, 2019, S. 148
110 Chamorro-Premuzic & Furnham, 2010, S. 47
111 Hossiep, Zens & Berndt, 2020, S. 34 f.
112 Argyle, 2013
113 auch angeregt von Smart, 1983, S. 151 ff.

5.5.1 Sozialer Hintergrund

Für Führungsrollen ist eine Herkunft aus schwächeren Sozialschichten dann vielversprechend, wenn ein besonderer Drang nach sozialem Aufstieg vorhanden ist (d. h. vom „blauen" zum „weißen Kragen", von der Handarbeit zur Kopfarbeit, von geringem Besitz zum Besitzen wertvoller Güter, vom Gehorchen zum Befehlen bzw. vom Folgen zum Führen, vom weniger Gebildeten zum Gebildeten etc.); eine Herkunft aus der Mittel- bis Oberschicht sollte mit einer eher prinzipiengeleiteten (auch: früh etliche Pflichten) als allzu liberaler oder gar laissez-faire-artigen Erziehung einhergehen, um zu einer günstigen Prognose beizutragen.

Ebenfalls für Führungsfunktionen sollte die mögliche Rolle im Konzert der Geschwister eher die einer oder eines Unterweisenden, Administrierenden, Führenden gewesen sein; wenn nicht, so sollte zumindest eine gewisse Trotzreaktion auf die Dominanz eines Geschwisters den Wunsch nach dem „Das-Sagen-haben-Wollen" gespeist haben. Generell ist frühe Eigenwilligkeit oder Eigenständigkeit ein guter Indikator für Selbstzutrauen, Selbstbehauptung und Selbstsicherheit (besonders positiv: das Bewältigthaben früher Herausforderungen). Und Selbstsicherheit gehört zu den vorhersagestärksten und damit bedeutsamsten Eigenschaftsfacetten für Führungsfunktionen.

Beitrag der Gegebenheiten des Elternhauses zu dem, was Kandidat:innen heute sind

Informationen auf diesbezügliche Fragen ergänzen die auf die vorhergehende. Hier erfährt man Genaueres über entscheidende (oder fehlende) frühe Anregungsbedingungen der kognitiven, sozialen und charakterlichen Entwicklung. Außerdem nehmen Kandidat:innen dabei Ursachenzuschreibungen eigener Eigenschaften und Verhaltensweisen auf (frühere) äußere oder innere Umstände vor. So lässt sich ein erstes Bild darüber gewinnen, inwieweit sie sich (auch) als selbstverantwortet erleben.

Das, was die relevanten Erziehungspersonen den Kandidat:innen früh als Kind „in den Kopf gepflanzt" haben, kann bedeutsame Auswirkungen auf deren Antrieb haben, d. h. die Eigeninitiative, die Leistungs- und Gestaltungsmotivation, das Bedürfnis, voranzukommen etc.

Ähnlichkeiten/Unähnlichkeiten zu Vater und Mutter

Fragen dazu sind ein Umweg, um an die Charakterisierung der eigenen Person heranzukommen, die sonst (d. h. direkt angesprochen) in einem frühen Stadium des Interviews oft noch sehr unverbindlich bleiben würde. Durch den Vergleich mit den Eltern als den frühesten Bezugspersonen aber lässt sich oft Tiefergehendes über konkrete und besondere Persönlichkeitseigenschaften und Verhaltensweisen von Kandidat:innen erfahren – und oft auch deren Priorisierung.

Eine Fragenformulierung zum Thema Ähnlichkeiten mit Vater und/oder Mutter, die man erprobterweise wörtlich so übernehmen kann, lautet: *„Wenn Sie mal Vater oder Mutter vor's geistige Auge heben, was entdecken Sie (innerlich) von wem an sich selbst wieder?"*

Überhaupt gibt die Orientierung an anderen Menschen viel Aufschluss über die eigene Weltsicht der Kandidat:innen und damit deren Wertesystem, Interessen und Anreize, wenn man nur deutlich genug herausfragt, was denn genau an dem geschätzten/bewunderten Menschen fasziniert (= emotionaler Aufhänger) hat. Insbesondere sind wir daran interessiert, ob Erfolg und Leistung, Gestaltungswille und „Macht" (i. S. v. Einfluss), Status und Prestige im Wertegefüge der Kandidat:innen hohe Rangplätze einnehmen und in welcher Rangfolge sie stehen. Status und Prestige können ruhig eine hohe Wertigkeit haben. Macht (i. S. v. Einfluss) sollte die höchste Wertigkeit bei Führungskräften haben. Wichtig ist dabei, dass die Machtmotivation eine pro-soziale Ausrichtung hat, d. h. keine zynischen oder sadistischen Facetten. Eine hoch ausgeprägte Bindungsmotivation (auch oft benannt als: Gesellungs-, Affiliations- oder Anschlussmotivation), d. h. von anderen gemocht („geliebt") werden wollen, ist für Führungsfunktionen meistens weniger vorteilhaft, weil das emotionale Abhängigkeit bedeuten kann, und damit in gewisser Weise Erpressbarkeit durch Liebesentzug seitens der Unterstellten zur Folge haben kann (vgl. aber auch *Leadership Motive-Pattern* im Abschnitt 5.6.2). Bei Professionals wäre ein zu hohes Machtmotiv allerdings dysfunktional.

5.5.2 Schule, Schulabschlüsse, Leistungen

Die Fachhochschulreife im Abendkurs von Kandidat:innen aus einfacheren sozialen Verhältnissen sagt mehr über Leistungsfähigkeit und -bereitschaft aus als das Abitur eines Akademikerkindes auf dem humanistischen Gymnasium.

Ansonsten sind schulische Spitzenleistungen nicht ohne weiteres gute Indikatoren für Führungsfähigkeiten. So manche erfolgreiche Manager:innen gingen nicht gern zur Schule, sie lagen aber auch nicht gerade im untersten Bereich der Leistungen. Da es ihnen mehr auf praktische Intelligenz ankam, suchten sie Aufgaben, die dies trainierten; andererseits waren sie aber auch schlau genug, die für die Karriere nötigen oder förderlichen Abschlüsse zu machen.

Lernverhalten, Interessenschwerpunkte

Auch die fleißigsten Schüler:innen sind nicht unbedingt die praktisch-intelligentesten. Starke Faulheit ist aber gleichfalls ungünstig, eine Lernstrategie sollte schon erkennbar sein.

Interesse an akademisch-intellektuellen oder anspruchsvoll-kulturellen Inhalten wird gerne positiv gewertet – und ist es auch. Zusätzlich wichtig, und deshalb erheblich positiver zu werten, ist aber für Führungskräfte auch das Interesse an praktisch verwertbaren Kenntnissen.

Schulaktivitäten, Ämter oder Posten, sozialer Umgang, Jobs

Es ist vorteilhaft, wenn Kandidat:innen auch an außerlehrplanmäßigen Aktivitäten teilgenommen haben, z. B. Sport, Theater, Musik o. ä.; spätere Führungskräfte haben früher meist Posten in der Schülermitverantwortung, als Klassensprecher:in oder überhaupt als „Leitende" inne gehabt; Sport u. a. trägt zur Bildung von Disziplin bei, Gewähltwerden für bestimmte Posten belegt zumindest eine gewisse Resonanz, Akzeptanz und Bevorzugung bei/durch Gleichgestellte(n).

Es gibt nur wenige erfolgreiche Manager:innen, die sich nicht im Umgang mit Menschen früh geübt hätten (denn sie waren und sind neugierig auf Menschen) und die darüber hinaus nicht schon während der Schulzeit in diversen (übrigens oft auch recht erfindungsreichen) Jobs gearbeitet hätten. Sie waren und sind neugierig auf die praktische Arbeitswelt.

Generell ist es vorteilhaft, wenn während der Schulzeit alle vier Bereiche ausbalanciert waren: das Lernen, die außerschulischen Aktivitäten, die sozialen Kontakte und die praktischen Arbeitserfahrungen (auch während der Ferien).

Höhen/Tiefen

Dies sind oft die ergiebigsten Fragen zu den eigenen Erfahrungen von Kandidat:innen als „Zöglinge", da ihre Antworten eine heutige Bewertung früherer Ereignisse erfordern. Kandidat:innen reden z. B. über Mentoren, die ihnen Werte vermittelt haben, die sie heute noch für wichtig bis verbindlich halten; über Fertigkeiten, die ihnen im

Leben hilfreich waren; über Erfolge/Misserfolge und deren damalige und heutige Bedeutung in ihrem eigenen Persönlichkeitskonzept etc.

Besonders positiv ist es, wenn die Höhen im Bereich von Leistung und Anerkennung durch andere Menschen liegen. Positive Leistungsmotivation, d. h. höhere innere Leistungsstandards, ist erfahrungsgemäß ein guter Prädiktor. Negative bzw. negativ erlebte Ereignisse selbst (Drogen, Konflikte mit bestimmten Lehrern, Schule schwänzen, Schwangerschaft bei Mädchen etc.) sind nach zehn oder mehr Jahren meistens nicht mehr ohne weiteres bedeutungsvoll. Sie geben aber guten Aufschluss über die heutigen Einstellungen und Werthaltungen der Kandidat:innen dazu, die bei Antworten auf solche Fragen mitoffenbart werden: Eine feindliche, abwehrende Reaktion beim Berichten darüber lässt vermuten, dass die geschilderten Probleme (intellektuell, persönlichkeitsbezogen, interpersonell oder motivational) wohl noch existieren, wenn auch nur partiell; eine ruhige, gelassene und abgeklärte Reaktion dagegen spricht dafür, dass die Person inzwischen gereift ist.

Übergangsfragen

Zum Beispiel: *„Was hatten Sie während und am Ende der Schulzeit für Ideen darüber, wie es ausbildungsmäßig oder beruflich weitergehen sollte?"*: Solche *Übergangsfragen* sind oft sehr ergiebig. Wichtige Übergänge/Wechsel im Leben sind beispielsweise der Übergang von der Schule zur Lehre, von der Grund- oder Hauptschule zur Realschule oder Gymnasium, von der Lehre zur Gesellen- oder Angestelltenzeit, evtl. von dort zur Bundeswehr, vom Abitur zum Studium, und schließlich von einem Arbeitgeber zum nächsten. Je klarer diese durchleuchtet werden, desto prägnanter erhält man ein Bild von dem Wertesystem der Bewerbenden, ihren Bedürfnissen, ihrem Selbstbilds und vom Stil ihres Informations- und Entscheidungsverhaltens angesichts der Gestaltung und Gestaltbarkeit der wichtigsten Lebensmöglichkeiten. Das, was Bewerbende heute sagen über solche früheren Entscheidungssituationen, kann gut enthüllen, ob und wie stark sie eigengesteuert, gründlich, zuversichtlich, zufallsgetrieben, hilfsbedürftig, unsicher, impulsiv, genusssüchtig, materialistisch oder wie sonst sind.

5.5.3 Militär und Soziale Dienste

Wenn Wehrpflicht bestand und der Kandidat eingezogen wurde, braucht man beim Militär- oder Ersatzdienst nicht sonderlich in die Tiefe zu gehen. Die meisten Menschen erlebten das Militär (den Ersatzdienst allerdings weniger kritisch) ähnlich: Sie sind nicht unbedingt freiwillig dorthin gegangen, sie mochten die Einschränkungen (v. a. Befehl und Gehorsam) nicht, lernten einiges, reiften an den verglichen mit früher konträren Erfahrungen und waren schließlich froh, als der Dienst zu Ende war. Einige haben die oft als „Verschwendung" empfundene Dienstzeit allerdings auch noch genutzt zur Weiterbildung oder zum hierarchischen Fortkommen; dies ist meist positiv zu bewerten.

Den größten interpretativen Aufschluss geben die Antworten auf Höhen und – vor allem – Tiefen während der Dienstzeit: Was waren die auslösenden Bedingungen, wie das Bewältigungsverhalten; ist das danach und heute auch noch so (gewesen)?

Bei Soldat:innen auf Zeit oder ehemaligen Berufssoldat:innen ist die Dienstzeit selbstverständlich wie eine Station der Berufslaufbahn zu behandeln.

5.5.4 Berufslaufbahn

Funktionsbezeichnungen und Aufgaben: Es sollte in der Beschäftigungshistorie der Kandidat:innen einen ständigen Anstieg in Qualität und/oder Hierarchie gegeben haben. Gibt es Brüche, ermitteln Sie das Warum: Sind die Brüche den Umständen zuzuschreiben, sind sie entschuldbar; sind sie den Kandidat:innen anzulasten, sind sie nur dann „entschuldbar", wenn sie nachweislich daraus gelernt haben. Sehr positiv für allgemeine Führungsfunktionen ist es, wenn Kandidat:innen auch aus eigenem Antrieb heraus verschiedene Funktionsbereiche der klassischen betrieblichen Gliederung kennen gelernt haben, so z. B. als Vertriebler:in auch Controlling, die Produktion oder den Finanzbereich.

Gehaltsverhältnisse

Das Einkommen und seine Entwicklung sind ein wichtiger Indikator für die Bedeutung der Jobs und die dort gezeigte Tüchtigkeit. Aber: man muss auch (oft verdeckte) Kompensationen prüfen, z. B. Standortvorteile der Firma, Unternehmensklima und -kultur. Man muss also zu den eigentlichen Gründen vordringen, um die Abfolge der Herausforderungen und Anreize durch die Aufgaben der diversen Jobs, der eigenen Fähigkeiten, Fertigkeiten und Bedürfnisse zu verstehen.

Erwartungen an die Jobs und wie sie erfüllt wurden

Die Erwartungen eines Menschen an seine jeweils nächsten Jobs sagen einiges über sein Selbstkonzept, seine Werte und Bedürfnisse. Die

Abfolge der Erwartungen in Konfrontation zu dem, was sich erfüllt hat, verrät die Effizienz der Bewältigungsstrategien und die Realitätsnähe der Erwartungen. Eine Häufung unerfüllter Erwartungen ist ein schlechtes Zeichen. Sind wichtige Karriere-Entscheidungen sorgfältig und systematisch getroffen worden oder unüberlegt spontan? Zumindest in den letzten Jahren sollten reife und reflektierte Entscheidungen getroffen worden sein.

Probleme, Fehler

Sowenig wie Erfolg nicht für sich allein spricht, sondern immer zu prüfen ist, in welchem Ausmaß er auf Glück, Initiative, harte Arbeit etc. zurückgeht, muss man auch testen, inwieweit Niederlagen oder Fehler auf Mängeln in der Persönlichkeit der Kandidat:innen basieren.

Die Schilderung der Probleme und der Arten ihrer Bewältigung durch die Kandidat:innen lassen gute Rückschlüsse auf ihre praktische Problemlösefähigkeit zu. Probleme sind Herausforderungen, und sie erlauben Menschen, ihre wirklichen Fähigkeiten zu zeigen, ihre Stärken und Schwächen. Uns interessieren in diesem Zusammenhang Verhaltensmuster: Wiederholte Probleme z. B. in der Behandlung von Unterstellten, im Klarkommen mit Vorgesetzten oder mit der Durchführung von Meetings deuten auf interpersonelle Probleme. Dagegen bedeutet das wiederholte Bewältigen von gewichtigen Hindernissen eine vielversprechende Mischung der dazu notwendigen Eigenschaften (kognitiver, motivationaler und sozial-interaktiver Art).

Nicht unbedeutend für den Erfolg ist die Art der Ursachenzuschreibung der Kandidat:innen: Zu welchem Ausmaß gehen Misserfolge oder Fehler auf das eigene Konto? Inwieweit fühlen sie sich überhaupt selbst verantwortlich für Misserfolge (halten sie die Welt für mitgestaltbar), oder schieben sie sie anderen Menschen oder Umständen zu (sind sie Nörgler:innen oder Fatalist:innen)?

5.5.5 Vermutete Einschätzung der Kandidat:innen durch Vorgesetzte

Mit einer Frage nach der vermuteten Einschätzung ihrer selbst durch die Vorgesetzten ergibt sich die Möglichkeit (wieder über die Brücke der Projektion), sich selbst zu loben (und zu tadeln): Leistungsstarke Menschen haben ein realistisches Selbstbild und wissen auch, dass sie bei anderen Menschen per Saldo gut ankommen (positive soziale Resonanz); leistungsschwache Menschen haben oft Probleme mit der Selbstakzeptanz, nicht selten lehnen sie größere Teile von sich ab.

Die Antworten können darüber hinaus auch Aufschluss über das Einfühlungsvermögen, die emotionale und Rollen-Flexibilität der Kandidat:innen sowie ihre Fähigkeit, Vertrauen zu erzeugen, liefern.

Studium

Starke und schwache Fächer: Hier ist es informativ zu erfahren, ob diejenigen Fächer, die zum engeren Anforderungsbereich des Jobs gehören, ganz oder teilweise als die starken oder die schwachen der jeweiligen Kandidat:innen angesehen werden. Im Übrigen sind Wechsel der Fächerbevorzugung zu hinterfragen nach den Gründen; es können wirkliche Interessensänderungen vorgelegen haben (auch dafür wieder die Gründe herausfinden), oder die Präferenzänderungen hängen mit unvermuteten Erfolgserlebnissen (oft von der Lehrperson abhängig) zusammen.

Studierverhalten: Es lässt gute Rückschlüsse auf das allgemeine Arbeitsverhalten zu (s. dazu unter Arbeitsverhalten). Insbesondere gibt es Aufschluss darüber, wie jemand ohne dauernde oder strenge Kontrolle eigenverantwortlich mit Zeit und Inhalten umgeht.

Praktische Arbeitserfahrungen: Oft sind es die ersten praktischen Arbeitserfahrungen der Kandidat:innen. Ihre/seine emotionalen und intellektuellen Reaktionen darauf sind deshalb von großem Interesse. Zeigt sich eine praktische Lernwilligkeit, eine auf praktische Effizienz ausgerichtete Motivation, und wieviel Fleiß und Einsatz wurden gezeigt?

Hochschulaktivitäten: Es ist ein Zeichen von Interessensbreite und Initiative, wenn neben den rein fachlichen Pflichten auch andere Aktivitäten betrieben wurden – falls mit Führungsaufgaben verbunden, sind solche Rollen umso günstiger zu bewerten.

Höhen/Tiefen: Hier gilt Analoges wie unter dem vorherigen, gleich lautenden Punkt im Abschnitt Schule.

Weiterführende formale Bildung

Leistungsmäßig im Durchschnitt liegende Menschen mit durchschnittlichem Potenzial für Wachstum und Entwicklung betreiben normalerweise wenig Weiterbildung. Sehr fähige Leute auf der sprichwörtlichen „Überholspur" lernen nicht nur aus der On-the-Job-Erfahrung, sondern bilden sich auch fachbezogen weiter, z. B. in Finanzen, Recht, IT, Motivation, Zeitmanagement, aber auch kulturell.

Ziele und Pläne für die Zukunft

Die wirklichen Ziele und Motivationen von Kandidat:innen lassen sich leichter mit Fragen an den nächsten Job, die greifbare Zukunft (in fünf Jahren) und die Integration von beruflichen und Lebenszielen herausfinden, als wenn man sie direkt ansprechen würde.

Sehr positiv ist zu werten, wenn Kandidat:innen häufig von leistungs- und gestaltungsbezogenen Lebenszielen sprechen. Ebenso, wenn sie im Hinterkopf den (weiteren) Aufstieg (horizontal oder vertikal) planen, wenn also im Vordergrund die brillante Bewältigung der Aufgabe als Anreiz steht, und die Karriere erst an zweiter Stelle. Vorsicht vor Kandidat:innen, die bevorzugt an Karriere denken, sie vernachlässigen nicht selten ihren konkreten Job bzw. missbrauchen ihn für die eigenen Karriereinteressen.

Auch kann man oft aus den Antworten auf derartige Fragen die Zielorientierung im Handeln überhaupt beurteilen, d. h. ob Kandidat:innen auch in schlecht strukturierten Situationen durchblicken, Aufforderungsaspekte erkennen, Ziele strukturieren und daraufhin Handlungspläne entwerfen, und wie stark sie an die Zielführung der eigenen Handlungen glauben.

Falls gegeben, müssen hier Diskrepanzen/Widersprüche zu Informationen aus früheren Antworten geklärt werden. Wenn z. B. Kandidat:innen bislang schon dreimal daran gescheitert sind, sich selbständig zu machen, und sagen, sie hätten sich nunmehr entschlossen, zu einer großen und seriösen Firma zu gehen, dann könnten Sie diese Ungereimtheit überprüfen, indem Sie lächeln und sagen: „Liebe Frau Meier, Sie sind doch im Kern Ihrer Seele immer noch die Unternehmerin. Am liebsten würden Sie ab und zu Ihre eigene Show veranstalten, oder?" Und wenn die Kandidatin daraufhin ebenfalls lächelt und sagt: „Vermutlich haben Sie recht", dann wissen Sie, dass ein Fluktuationsrisiko besteht.

Ebenso aber müssen Sie auf der Hut sein, wenn die Person überzieht, so z. B. größere und schnellere Karriereschritte verlangt, als sie das Unternehmen bieten könnte oder wollte. Hier wären Fragen eines realistischen Selbstbildes und weiterführender Qualifikationen der Kandidat:innen besonders zu klären. Ohnedies ist ja, wie schon gesagt, Vorsicht geboten bei zu viel Aufstiegs- und Karrieredenken.

Im Übrigen erfährt man oft auch hier, wenn nicht schon an diversen anderen Stellen des Interviews, einiges über die optimistische Weltsicht der Kandidat:innen: ob sie überhaupt Positives über die Zukunft zu sagen wissen, ob sie genügend Energien erkennen lassen, dass zukünftige Schwierigkeiten gemeistert werden können, inwieweit sie an den eigenen Einfluss auf den Gang der Dinge glauben, die Welt und die Zukunft für mitgestaltbar halten, im Ganzen positiv denken. Extrem negativ zu bewerten wären Bewerbende mit depressiven oder pessimistischen Neigungen, ein:e Fatalist:in, ein Null-Bock-Typ oder ein anspruchlicher, klagsamer oder gar weinerlicher Mensch.

Optimist:innen sind tendenziell leistungsstärker; wer optimistisch ist, kann besser mit Niederlagen umgehen. Pessimist:innen suchen den Grund für Niederlagen eher bei sich selbst, Optimist:innen schieben sie dagegen gern auf andere Faktoren. Die Folge: Niederlagen erzeugen bei positiven Personen Hoffnung, bei negativen eher Depression.

Hier ist auch die Frage der Erwartungen der Kandidat:innen an die nächste berufliche Aufgabe/den nächsten Job und die der wahrscheinlichen Erfüllung dieser Erwartungen vor dem Hintergrund der Interessen des Unternehmens zu klären: Um Erfolg zu haben, müssen die Bedürfnisse der Kandidat:innen (bzgl. Bezahlung, Anerkennung, Bindung, Leistung, Prestige, Aufstieg, Macht, Arbeitsort, Umfang und Art der Dienstreisen etc.) in Übereinstimmung zu bringen sein mit den Möglichkeiten des Unternehmens.

Von daher ist ein:e Kandidat:in dann besonders interessant, wenn ihre/seine persönlichen Ziele
- klar, lebhaft und herausfordernd,
- kongruent mit der Gesamtpersönlichkeit,
- passend zur Organisation,
- und kompatibel mit den Aufgaben sind.[114]

Diese Dinge gilt es, am besten im abschließenden Teil des Interviews (der Darstellung Ihres Unternehmens, der Position), ganz klar und unmissverständlich weiter zu erkunden, darzustellen und im Vorwege abzuklären. Enttäuschte Erwartungen sind nämlich der gewichtigste Grund für einen freiwilligen Unternehmenswechsel.

5.5.6 Ihr Unternehmen/Ihre Organisation

Es ist natürlich immer ein gutes Zeichen, wenn Kandidat:innen sich vorher gründlich über das Unternehmen informiert haben, bei dem sie sich vorstellen. Dies deutet auf einen Menschen, der Verantwortung für sein Leben übernimmt und nicht scheitern oder enttäuscht sein möchte, nur weil sie oder er sich nicht schon vorausschauend kundig gemacht hat.

Selbstredend ist es ein schlechtes Zeichen, wenn jemand einen Job haben möchte, ohne sich vorher für Details zu interessieren, aber auch, wenn jemand einen Job unbedingt haben möchte, obwohl sie

---

[114] Scheffer & Mikoleit, 2013

oder er die Schwierigkeiten, die damit verbunden sind, sieht, aber vor lauter Verzweiflung bagatellisiert.

Selbsteinschätzung

Über Stärken wird natürlich leichter und mehr berichtet als über Schwächen. Oft werden bei den Schwächen Dinge genannt, die in Wahrheit als Stärken ausgelegt werden können, z. B. „Ich bin oft zu ungeduldig, ich arbeite zu hart und bin etwas zu stark fordernd gegenüber meinen Kollegen". Darauf könnten Sie antworten: „Das klingt mehr nach Stärken als nach Schwächen. Können Sie genauer erklären, warum Sie diese Dinge als Schwächen sehen?" Denn ein zu hartes Arbeiten z. B. ist nur dann eine Schwäche, wenn die betreffende Person sozusagen ausgebrannt (burn out) ist oder wenn sie ernsthafte familiäre Probleme deshalb bekommt.

Falls Bewerber:innen sich sehr bis vollständig bei den Schwächen zurückhalten (was ein Vermeidungsverhalten oder gar Ausdruck eines unrealistischen Selbstbildes sein kann, mit Imponier- und Fassaden-Techniken), so dass Sie sie nicht richtig beurteilen können, könnten Sie diese Person wie folgt stimulieren, auch Schwächen zuzugeben und zu berichten:

„Keiner von uns ist perfekt, und nur, wenn wir auch die Bereiche kennen, in denen wir uns noch verbessern sollten, sind wir in der Lage zu wachsen und uns weiterzuentwickeln" oder „Nach meiner Erfahrung mit Bewerbenden-Gesprächen ist es so, dass Menschen mit der größten Selbsteinsicht auch das größte Karriere-Potenzial haben. Sie kennen und nutzen nicht nur ihre Stärken, sondern sie wissen auch sehr gut um ihre Schwächen und versuchen, sie zu überwinden."

Wichtig ist hier, wenn von den Kandidat:innen nicht selbst angeboten, das Selbstvertrauen, die Selbstsicherheit anzusprechen. Gute Führungskräfte haben ein hohes Selbstvertrauen/Selbstzutrauen: sie wissen, was sie können, haben einen guten Realitätsbezug, kennen ihre positiven und negativen Eigenschaften, beachten aber eher ihre Stärken als die Schwächen und bauen darauf ihre Strategien auf. Leistung wird als eigenverantwortet erlebt, sie schreiben sich die Erfolge eher selbst als den Umständen zu, sind offen, unverklemmt, haben keine Scheu, sind zuversichtlich, glauben, dass sie „die Dinge irgendwie in den Griff bekommen", können Zurückweisungen ertragen und sich selbst behaupten.

Schwache Führungskräfte haben einen schlechten Realitätsbezug, entweder als resignative Selbstunterschätzung oder (seltener) als haltlose Selbstüberschätzung, sie achten mehr auf ihre Schwächen als auf ihre Stärken, Leistung wird z. T. als glücklicher Zufall erlebt, viele schreiben sich selbst eher die Misserfolge zu, sind verschlossen, gehemmt, sich versteckend, haben Angst vor Versagen, reagieren auf Zurückweisung mit Niedergeschlagenheit, weichen zurück, geben zu früh nach.

Management/Führung und Managementphilosophie

Eine Frage wie „*Wie würden Sie Ihre Management-Philosophie und Ihren Management-Stil beschreiben?*" dient zum einen der Information darüber, in welchem Ausmaß hervorragende Ergebnisse durch Unterstellte erzielt wurden, und zum andern, inwieweit die Kandidat:innen Management-/Führungs-Fertigkeiten gemessen an den Erfordernissen der zu besetzenden Stelle beherrschen. Ansonsten dient diese Frage natürlich auch der Öffnung für eine viel weiterführende Sondierung mit der Frage: „Was glauben Sie, haben Ihre unterstellten Mitarbeiter als Ihre Stärken und Schwächen angesehen?" Hier kommen oft recht unmittelbar allerlei Wahrheiten zu Tage. Mittelbar aber auch: So enthüllt eine Antwort wie „Ich habe keine Ahnung, was meine Mitarbeiter an mir als Schwäche sehen", dass eine zweiseitige Kommunikation wohl nicht existiert, dass Kandidat:innen unsensibel oder uninteressiert an gutem Klima und optimaler Beeinflussung der Mitarbeiter sind und dass sie eine eher autokratische Haltung den Unterstellen gegenüber einnehmen. Gute Manager:innen dagegen halten eine gewisse Distanz gegenüber den Unterstellten, dies gilt aber gleichfalls gegenüber der Gruppe der Gleichgestellten und der Vorgesetzten: insgesamt ist dies ein Ausdruck stärkerer emotionaler Unabhängigkeit von anderen Menschen (d. h. auch geringerer Bindungsmotivation).

Ein wesentlicher Schlüssel zum Erfolg einer Führungskraft sind ihre Fähigkeiten, ein Team zu bilden sowie stabile Netzwerke aufzubauen, um vertrauensbasierte Gefolgschaften zu ermöglichen.

Wenn Kandidat:innen auf die Frage nach der Änderung ihres Führungsverhaltens etwa antworten: „Nichts, ich glaube, ich mache genau das Richtige", so sind sie entweder perfekt, was selbstredend unwahrscheinlich ist, geben es nur vor oder glauben es gar. Man sollte dann entgegnen: „Keiner von uns ist vollkommen – es gibt da sicher noch ein paar Aspekte, die Sie ein bisschen verbessern könnten". Jede sinnhafte Antwort darauf ist ein Plus; eine sinnlose, ausweichende oder belanglose Antwort kann bedeuten, dass Kandidat:innen sich nicht öffnen wollen oder können, mit Verbesserungen nicht viel im Sinn haben oder dass sie ein „Spielchen" mit der/dem Interviewer:in treiben.

Eine (unübliche) Aufforderung, von unterstellten Mitarbeitern zu erzählen, führt oft zu recht aufschlussreichen Befunden: Indem Kandidat:innen über die diversen Mitarbeiter:innen berichten, ihre Stärken und Schwächen etc., lassen sie im Grunde ihre eigene Persönlichkeit durchscheinen, ihre Werte, Einstellungen und ihren Managementstil.

Arbeitsverhalten

Vielleicht wissen Sie schon aus den Antworten auf vorherige Fragen z. B. die Zahl der Wochenarbeitsstunden, das Arbeitstempo etc., einiges über die Quellen der Motivation einer Kandidatin oder eines Kandidaten.

Verhalten unter Stress

Diesbezüglich zu fragen ist sehr direkt, sollte aber in einem Stadium des Interviews geschehen, in dem der Rapport (= Offenheit der Kommunikation) kein Problem mehr ist. Wenn Sie solche Fragen aufrichtig, ernst und verständnisvoll stellen, werden Sie auch glaubwürdige Antworten bekommen. Wenn Sie bei der Frage nach dem Verhalten unter Stress eine Antwort erhalten, die auf weniger hinweist als die von Ihnen gewünschte Reife, Beweglichkeit und emotionale Kontrolle, sollten Sie mehr ins Detail gehen.

Intelligenz

Intelligenz umfasst gutes kausales, analytisches Denken ebenso wie ein entsprechendes konzeptionelles, gesamthaftes Denken (i. S. v. systemisch, vernetzt, komplex). Hier sollten Sie für sich prüfen, ob die bisherigen Informationen und Eindrücke darüber die wünschenswerte Intelligenz-Ausstattung vermuten lassen.

Was motiviert die Kandidat:innen?

Nur selten gibt jemand unverblümt zu, dass er hungrig nach Macht, Kontrolle, Dominanz, Geld, Prestige u. ä. ist. Meist werden die stärker sozial akzeptierten Quellen der Motivation genannt wie „einen Beitrag leisten", „etwas bewegen", „bessere und sicherere Versorgung meiner Familie", „Anerkennung bei meinen Kollegen finden" etc. Dann bedarf es einiger Feinfühligkeit, um die Kandidat:innen entsprechend zu öffnen – vielleicht mit einer direkten Frage danach, was die/den Kandidat:in in der Tiefe seiner Seele antreibt – und evtl. anschließend, was denn überhaupt nicht.

Fleiß

Dieser sollte spontan als hoch angegeben werden: Gute Professionals und gute Manager:innen haben eine hohe Einsatzbereitschaft. Gegebenenfalls Fleiß konkretisieren lassen, z. B. in Stunden pro Tag bzw. Woche. Sporadischen von dauerhaftem Fleiß unterscheiden: im Lebenslauf prüfen, ob Fleiß immer bzw. unter welchen Umständen er vorhanden war.

Selbstorganisation/Effizienz

Gute Indikatoren sind hier tägliche Prioritätensetzungen, Maßnahmenpläne, ein gut funktionierendes Sekretariat, eine Identifikation der Unterstellten mit Jahresplänen u. ä. Ungünstige Indikatoren sind verfehlte Termine, Anzeichen niedriger Produktivität oder Ineffizienz, ein von Unterstellten kritisierter Führungsstil u. ä. Detailbesessenheit ist längst nicht immer vorteilhaft.

Stil des Entscheidungsverhaltens

Die zeitgemäße Antwort eines Profis könnte lauten: „Ich entscheide schnell und intuitiv bei mir geläufigen Problemen, die die Unterstellten nicht überschauen, oder bei unwichtigen Mini-Entscheidungen. Ich bin gründlich und systematisch, wenn es sich um wichtige Einzelfall-Entscheidungen handelt; dann möchte ich so viele Meinungen wie möglich kennen, sie behutsam bewerten, um dann erst zu entscheiden und zu handeln.

Ich handle allein, wenn die Zeit drängt und die Unterstellten nicht den Überblick oder das Wissen haben, um mehr als Informationen beizutragen; dann ist mein Stil eher konsultativ. Bei Entscheidungen, die viele Unterstellte berühren, bevorzuge ich – wenn die Zeit es erlaubt – einen partizipativen, konsensorientierten Stil; das kostet zwar Zeit, hat aber zwei positive Effekte: die beste Entscheidung und den breiteste Unterstützung bei der Umsetzung."

Wichtigste Entscheidungen in den letzten Jahren

Auf eine solche Frage erhält man oft solide Informationen über die Zentralität bestimmter Werte, Handlungen und Strategien von Kandidat:innen.

Planungsverhalten

Einige Firmen haben recht komplizierte und anspruchsvolle strategische Planungsmodelle, die z. B. Zwei- bis Fünf-Jahresperspektiven enthalten und komplexes Finanz-, Ökonomie- oder IT-Wissen erfordern. Falls die in Rede stehende Position solche Fertigkeiten verlangt, ist es zweckmäßig, die Kandidat:innen um von ihnen erstellte Planungs- und Budgetierungsunterlagen als Arbeitsproben zu bitten. Ansonsten sind günstige Indikatoren ähnliche wie bei der Frage nach der Selbstorganisation/Effizienz, z. B. auch im Zeit- und Kostenrahmen erfolgreich abgeschlossene Projekte.

Negativ in unserer schnelllebigen Zeit ist es dagegen, wenn man an seinen Plänen klebt und sich schwertut, einen ursprünglich eingeschlagenen Kurs zu wechseln, nur um konsistent zu bleiben. Flexibilität als Basis-Anforderung unseres heutigen Lebens hat schon vor Jahrzehnten der prominente Psychotherapeut Albert Ellis immer wieder propagiert.[115]

5.5.7 Privates

Fragen nach privaten Lebensumständen haben in der Vergangenheit lange zum Standardrepertoire gehört, sollten aber inzwischen weitestgehend tabu sein. Ausnahmen bilden hier lediglich Themen, die sich für ungezwungenen Smalltalk und zum Auflockern des Gesprächs eignen, Themen, die von den Kandidat:innen selbst angesprochen wurden oder einen inhaltlichen Bezug zum Arbeitsumfeld haben (z. B. Hobbies), und solche, die einen operativen Bezug zur Stelle aufweisen, z. B. Wohnort, Mobilität etc.

Zwei Bereiche sollen im Folgenden kurz erläutert werden.

Freizeit und Erholung

Die Fragen nach sozialen Aktivitäten, Hobbys, Sport, Lesegewohnheiten, Theater, Musik, Kunst und Fernsehzeit können recht brauchbare Informationen liefern: darüber, wie wichtig die Karriere empfunden wird in Relation zu anderen Lebensbereichen, und welche Balance jemand hält zwischen Karriere, Familie und anderen Interessen.

Wenn man diese Fragen nicht im Interview stellen möchte, so sollte man sie spätestens – falls gegeben – beim gemeinsamen Essen stellen, im Rahmen einer ungezwungeneren und allgemeineren Konversation also.

---

115 Ellis & MacLaren, 2015

Gesundheit und andere sensible Themen

In einem Bewerbungsgespräch sind Fragen zu unterlassen, die nach dem seit 2006 geltenden AGG (Allgemeinen Gleichbehandlungsgesetz) nicht erlaubt sind. Das Gesetz gewährt den Arbeitnehmer:innen richtigerweise generell Schutz vor Diskriminierung, z. B. durch Fragen nach einer genetischen Veranlagung zu Krankheiten oder einer nicht auf den ersten Blick erkennbaren Schwerbehinderung (z. B. ein Herzklappenfehler), Fragen nach einer HIV-Infektion, nach der sexuellen Orientierung oder nach Schwangerschaft. Soweit mögliche Handicaps irrelevant sind für den in Rede stehenden Job, bestehen keine Probleme; wichtig ist es lediglich, mögliche Einschränkungen für den Job zu erkennen. Auch Fragen nach der ethnischen Herkunft oder der Religionszugehörigkeit und Fragen nach einer möglichen Parteimitgliedschaft, Gewerkschaftszugehörigkeit sowie nach Vorstrafen stehen im Konflikt mit dem Persönlichkeitsrecht oder dem Datenschutz und sollten (nicht nur deshalb) absolut tabu sein.

Abschließende Frage zur Person

In nur wenigen Fällen kommt auf die folgende „Absicherungsfrage" wirklich Bedeutungsvolles heraus, und trotzdem ist sie es wert gestellt zu werden: „Gibt es noch irgendwelche Dinge, die wir bis jetzt noch nicht angesprochen haben, die ich aber wissen sollte, um Ihr Potenzial richtig einzuschätzen?"

Und insbesondere mit Bezug auf (bewusste?) Lücken im Lebenslauf sind spätestens nach dieser abschließenden Frage zur Person Unklarheiten aller Art anzusprechen, z. B. bezüglich Familienverhältnissen, finanziellen Schwierigkeiten, Ursachen für Versetzungen, Rückstufungen, Kündigungen, Entlassungen, disziplinarische Vorkommnisse, Strafen etc.

> ⮕ **EMPFEHLUNG**
>
> Die obigen Interpretationshinweise sollten Sie nicht nur einmal durchlesen, sondern im Laufe Ihrer Anwendung des B-E-I-Konzepts immer wieder einmal. Dadurch werden Ihnen die Hinweise allmählich gut vertraut, und Sie können sie leichter einzelnen Eigenschaften/Einzel-Kompetenzen der Kandidat:innen zuordnen. Eine solche Zuordnung von Antworten zu Einzel-Kompetenzen (z. B. zu Kooperationsfähigkeit, Fleiß, Pflichterfüllung s. u.) erfolgt übrigens weitgehend intuitiv, auch wenn diese Antworten sich in den Erzählströmen der Kandidat:innen über die Zeitachse verteilen. Während der Interaktion von Bewerbenden und Interviewenden kommen Inhalte (Verhalten und Äußerungen) zur Sprache (verbal und non-verbal), die sich

> gewollt oder ungewollt zu Eindrücken verdichten. Die Verteilung einzelner Facetten einer Eigenschaft über die Zeit wird von unserem Gehirn automatisch und ohne weitere Anstrengung sinnsuchend zugeordnet, ganz in Analogie der Buchstabenzuordnung bei den Wörtern des folgenden Satzes: „WSEIO KNÖNEN SIE DEIESN STAZ LSEEN…" (vgl. Abbildung 9).

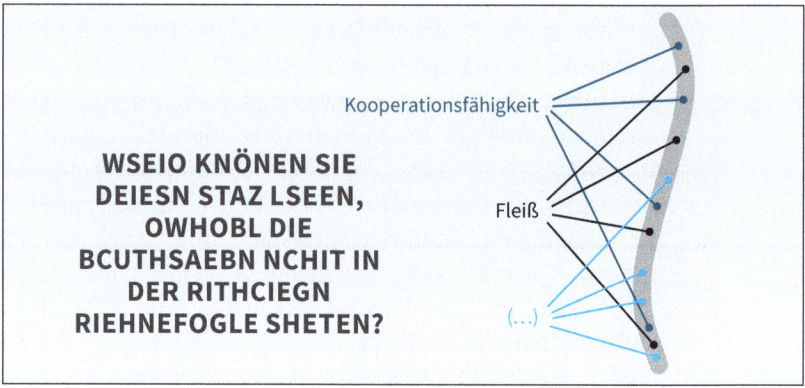

Abbildung 9: Inhalte und Deutungen aus dem Erzählfluss werden unterbewusst sortiert und gebündelt (hier z. B. zu Fleiß bzw. Kooperationsfähigkeit)

5.6 Der B-E-I-Bewertungsbogen: So halten Sie Ihre Beurteilungen von Kandidat:innen fest

Im Interview erhalten wir viele spezifische Informationen aus dem Leben der befragten Person in allerlei Umfeldern und Situationen. Auf dieser Basis lässt sich eine Person in den diversen, oben behandelten Persönlichkeitsmerkmalen recht gut einschätzen. Das wissen wir – evidenzbasiert – aus der 360°-Feedback-Forschung mit ihren Selbst- und Fremdbeurteilungen.[116]

In diesem Abschnitt erfahren Sie eine Methode, wie Sie die gewonnenen Eindrücke nicht nur festhalten, also dokumentieren können, sondern auch einen Schritt in Richtung Passung von Person zur Situation sowie einen weiteren Schritt in Richtung Vergleichbarkeit der einzelnen Kandidat:innen gehen können. Entscheidend dafür ist, dass Sie Ihre Eindrücke zeitnah nach dem Interview aufbereiten, d. h. solange Sie noch mit den Details des Interviews vetraut sind.

Die Grundlage dafür bildet ein zunächst recht klassisch anmutender Bewertungsbogen, also eine Merkmalsliste, auf der die einzelnen Eindrücke zum großen Teil auf fünfstufigen ordinalen Skalen bewertet werden können. Bei dieser „Scorecard" handelt es sich nun nicht

---

116 Scherm & Sarges, 2019

B-E-I-Bewertungsbogen

Bitte markieren Sie Ihre Beurteilung des Kandidaten in den nachfolgenden insgesamt 16 Merkmalen:

1. Erster Eindruck		1: sehr schwach, 2: schwach, 3: mittel, 4: stark, 5: sehr stark
2. Intelligenz		1: sehr schwach, 2: schwach, 3: mittel, 4: stark, 5: sehr stark
3. Gewissenhaftigkeit		1: sehr schwach, 2: schwach, 3: mittel, 4: stark, 5: sehr stark
4. a) Lernen aus Fehlern		1: sehr schwach, 2: schwach, 3: mittel, 4: stark, 5: sehr stark
4. b) Planung, Organisation und Kontrolle		1: sehr schwach, 2: schwach, 3: mittel, 4: stark, 5: sehr stark
4. c) Optimismus und Selbstzutrauen		1: sehr schwach, 2: schwach, 3: mittel, 4: stark, 5: sehr stark
4. d) Risikobereitschaft und zielorientierte Initiative		1: sehr schwach, 2: schwach, 3: mittel, 4: stark, 5: sehr stark
4. e) Kommunikationsfähigkeit		1: sehr schwach, 2: schwach, 3: mittel, 4: stark, 5: sehr stark
4. f) Überzeugen und Durchsetzen		1: sehr schwach, 2: schwach, 3: mittel, 4: stark, 5: sehr stark
5. Leadership Motive-Pattern	L: Leistungsmotiv	1: sehr schwach, 2: schwach, 3: mittel, 4: stark, 5: sehr stark
	M: Machtmotiv	1: sehr schwach, 2: schwach, 3: mittel, 4: stark, 5: sehr stark
	B: Bindungsmotiv	1: sehr schwach, 2: schwach, 3: mittel, 4: stark, 5: sehr stark
6. Introversion vs. Extraversion	I: Introvertiert	1: sehr schwach, 2: schwach, 3: mittel, 4: stark, 5: sehr stark
	A: Ambivertiert	1: sehr schwach, 2: schwach, 3: mittel, 4: stark, 5: sehr stark
	E: Extravertiert	1: sehr schwach, 2: schwach, 3: mittel, 4: stark, 5: sehr stark
7. Die acht Karriere-Anker		stärkster Anker evtl. zweitstärkster evtl. drittstärkster ....
8. Erfolgreiche vs. produktive Manager:in		erfolgreich – beides – produktiv
9. High vs. Medium Potentials		eher Medium Potential ----------------- eher High Potential
10. Vorstandsvorsitzende:r vs. Durchschnittsmanager:in		eher Vorstandsvorsitzende:r – eher Durchschnittsmanager:in
11. Die Dunkle Triade	N: Narzisst:in	1: sehr schwach, 2: schwach, 3: mittel, 4: stark, 5: sehr stark
	M: Machiavellist:in	1: sehr schwach, 2: schwach, 3: mittel, 4: stark, 5: sehr stark
	P: Psychopath:in	1: sehr schwach, 2: schwach, 3: mittel, 4: stark, 5: sehr stark

Abbildung 10: Der B-E-I-Bewertungsbogen

um eine mathematisch-exakte Erfassung – auch wenn das Vorgehen einer Punktevergabe dies zunächst suggerieren mag. Betrachten Sie diese Liste als ein einfaches, aber recht effektives Werkzeug, um Ihre vielen Eindrücke zu sammeln, zu ordnen, zu differenzieren, zu detaillieren, fassbar und bewertbar zu machen.

Das dahinterliegende Prinzip ist, den Sinn und die Bedeutung des „Ganzen", also der Persönlichkeitsstruktur der Bewerbenden aus den einzelnen Teilen, den „Facetten" der Persönlichkeit, zu erfassen und im Rahmen des Ganzen wiederum die Bedeutungsstellung der einzelnen Teile zu erkennen. Das klingt nach Gadamers Verstehensprozess gemäß der Hermeneutischen Spirale (siehe Abschnitt 5.2) – und ist es auch.[117]

In Abbildung 10 sehen Sie eine Übersicht der einzelnen Merkmale des Bewertungsbogens mit ihren Bewertungsskalen. (Keine Sorge: Der Aufbau, alle Merkmale sowie das konkrete Vorgehen zum Bewerten werden im Anschluss daran noch detailliert erklärt.)

5.6.1 Der Aufbau des B-E-I-Bewertungsbogens

Wir beginnen mit der Einschätzung des Ersten Eindrucks (1), fahren dann fort mit zwei Merkmalen, die für beinahe alle höherrangigen Berufe nachgewiesenermaßen gute Prädiktoren sind: Intelligenz (2) und Gewissenhaftigkeit (3). Diese Merkmale dürften Ihnen bekannt vorkommen; es handelt sich um die vorher in Abschnitt 4.1 besprochenen Konstrukte.

Ebenso gilt dies für die nachfolgenden, sechs beispielshalber (zur Veranschaulichung) herangezogenen Kompetenzen, die als besonders relevant für die Bewältigung einer bestimmten in Rede stehenden Situation sind:

4. a) Lernen aus Fehlern,
4. b) Planung, Organisation und Kontrolle,
4. c) Optimismus und Selbstzutrauen,
4. d) Risikobereitschaft und zielorientierte Initiative,
4. e) Kommunikationsfähigkeit,
4. f) Überzeugen und Durchsetzen.

Und schließlich befassen wir uns noch mit der weiteren Beschreibung der Person auf Basis von Interpretationskonzepten, die Sie vielleicht noch nicht kennen, die aber weiter unten detaillierter erläutert werden:

5. Leadership Motive-Pattern,
6. Introversion vs. Extraversion,

---

117 Mollenhauer & Rittelmeyer, 1977, S. 59; Zimmer, 2007

7. Die acht Karriere-Anker,
8. Erfolgreiche vs. Produktive Manager,
9. High vs. Medium Potentials,
10. Vorstandsvorsitzende vs. Durchschnittsmanager,
11. Die Dunkle Triade.

Um von Ihren Eindrücken aus dem Interview mit einer oder einem Kandidat:in zu einer entsprechenden Bewertung in den einzelnen Kategorien reportpsychologie gelangen zu können, ist es wichtig, diese Kategorien in ihrer Bedeutung zu verstehen. Im folgenden Abschnitt erläutere ich Ihnen nun also die einzelnen Aspekte in Kurzform (für die von oben bekannten Konzepte) bzw. in ausführlicher Form (für die nachher folgenden neuen Konzepte).

> ↪ **EMPFEHLUNG**
> Der Bewertungsbogen steht Ihnen unter www.biographisches-interview.de zum Download bereit. Am besten drucken Sie sich diesen aus, um beim Lesen der folgenden Erläuterungen eine Übersicht zur Verfügung zu haben. Außerdem können Sie ihn natürlich zur konkreten Bewertung von Kandidat:innen verwenden.

5.6.2 Die einzelnen Merkmale des B-E-I-Bewertungsbogens erklärt

In der Einleitung zu diesem Band hatte ich Ihnen mit dem *Priming-Effekt* schon ein Beispiel für ein wirkmächtiges psychologisches Phänomen gegeben. Ein diesem Effekt ähnliches Phänomen ist der sog. *Halo-Effekt* (Heiligenschein-Effekt). Auch dieser ist berühmt dafür, die Wahrnehmung von Personen oder Dingen einseitig zu beeinflussen. Zwei Bespiele mögen dies illustrieren: Menschen schließen von einem positiv bewerteten auffälligen Merkmal gern auf weitere Fähigkeiten: z. B. von Eloquenz auf Wissen oder bei selbstbewusst auftretenden Menschen auf eine generelle Handlungskompetenz – auch wenn es jeweils nicht zutrifft. Solche Halo-Effekte sollte man nach Möglichkeit umgehen. Deshalb analysieren wir die unten zu beurteilenden Personmerkmale, soweit es eben geht, unabhängig, jedenfalls immer nur eins nach dem anderen.[118]

Wichtig ist, dass wir dabei nichts „abfragen", sondern gedanklich nach erinnerbaren Äußerungen der Kandidat:innen suchen, die zu dieser Kompetenz passen. Diese Erinnerungen an Einzelaspekte einer Kompetenz formen dann automatisch den Grad der Ausprägung, was die Interviewer:innen entsprechend markieren sollten (irgendwo zwischen 1 und 5).

---

118 Kahnemann, 2014, S. 287

1. Erster Eindruck

Bewerber:innen müssen sich in einem Bewerbungsgespräch natürlich „verkaufen" – und sie sollten das auch wollen. Immerhin hat die Forschung gezeigt, dass Bewerber:innen, „die sich bewusst darstellen, offenbar besser vermitteln können, wer sie sind. Andererseits sind wohl solche Kandidat:innen auf dem Holzweg, die glauben, in einem Bewerbungsgespräch würden ihre ‚tatsächlichen' Fähigkeiten und ‚wahren' Persönlichkeitsmerkmale ‚einfach so' deutlich werden"[119]. Doch selbstdarstellerische Übertreibungen sind ebenso absurd. Positiv dagegen dürfte die goldene Mitte zwischen beiden Extremen wahrgenommen werden, nach der pragmatischen Devise: „Auch das Echte bedarf theatralischer Hilfen"[120]. Schließlich gibt es für den ersten Eindruck keine zweite Chance.

Erfassung auf dem B-E-I-Bewertungsbogen:

> **1. Erster Eindruck**
> Bewerten Sie auf einer fünfstufigen Skala die von Ihnen wahrgenommene Positivität des ersten Eindrucks der oder des Interviewten. Markieren Sie durch Ankreuzen:
> 1: sehr schwach   2: schwach   3: mittel   4: stark   5: sehr stark

2. Intelligenz

Intelligente Menschen können sich schnell und effektiv deklaratives (= Sach-)Wissen und prozedurales (= Handlungs-)Wissen aneignen, setzen dieses Wissen in variierenden Situationen zur Lösung individuell neuer Probleme adäquat ein, lernen rasch aus den dabei gemachten Erfahrungen und sind in der Lage zu erkennen, auf welche neuen Situationen bzw. Problemstellungen die gewonnenen Erkenntnisse übertragbar sind (Generalisierung) und auf welche nicht (Differenzierung).

Erfassung auf dem B-E-I-Bewertungsbogen:

> **2. Intelligenz**
> Bewerten Sie auf einer fünfstufigen Skala die von Ihnen wahrgenommene Ausprägung des Merkmals *Intelligenz* des oder der Interviewten. Markieren Sie durch Ankreuzen:
> 1: sehr schwach   2: schwach   3: mittel   4: stark   5: sehr stark

---

[119] Renner & Laux, 2013, S. 372 f.
[120] R. Müller-Freienfels, Philosoph und Psychologe

3. Gewissenhaftigkeit

Gewissenhafte Menschen lieben die Ordnung, sind selbstdiszipliniert, verlässlich, pflichtbewusst und pünktlich, gehen bei der Bearbeitung von Aufgaben strukturiert vor, beachten die vorgeschriebenen Regeln, erledigen übergetragene Aufgaben besonnen und zuverlässig, haben einen hohen Qualitätsanspruch an die Arbeit und eine hohe Leistungsmotivation, bringen überdurchschnittlichen Einsatz und überprüfen die Richtigkeit ihrer Arbeit regelmäßig. Diese vielfältigen Facetten lassen sich zu zwei globaleren Begriffen bündeln: *Fleiß* (hartes Arbeiten, Vermeiden von Ablenkungen, Zuverlässigkeit) und *Ordentlichkeit* (Organisiertheit, Methodismus und Vorsichtigkeit).

Erfassung auf dem B-E-I-Bewertungsbogen:

> **3. Gewissenhaftigkeit**
> Bewerten Sie auf einer fünfstufigen Skala die von Ihnen wahrgenommene Ausprägung des Merkmals *Gewissenhaftigkeit* der oder des Interviewten. Markieren Sie durch Ankreuzen:
> 1: sehr schwach   2: schwach   3: mittel   4: stark   5: sehr stark

4. Einzel-Kompetenzen

Nun bewerten wir die als besonders situationsrelevant ausgewählten Merkmale (hier sechs Beispiele a bis f), auf die Sie als Interviewende:r im gesamten Gespräch besonders achten sollten. Bewerten Sie jedes einzelne für sich, bevor Sie zum nächsten weitergehen.[121]

4. a)   **Lernen aus Fehlern:** Die oder der Interviewte begreift Fehler als Lernchancen. Ändert die Suchrichtung, wenn sie oder er nicht weiterkommt, reagiert bei Misserfolgen nicht defensiv, gibt bei Rückschlägen nicht auf.

Erfassung auf dem B-E-I-Bewertungsbogen:

> **4. a) Lernen aus Fehlern**
> Bewerten Sie auf einer fünfstufigen Skala die von Ihnen wahrgenommene Ausprägung der Kompetenz *Lernen aus Fehlern* bei dem oder der Interviewten. Markieren Sie durch Ankreuzen:
> 1: sehr schwach   2: schwach   3: mittel   4: stark   5: sehr stark

---

121 Kahnemann, 2014, S. 287

4. b) **Planung, Organisation und Kontrolle:** Der oder die Interviewte strukturiert zielbezogen Aufgaben, Arbeitsabläufe und -einteilungen; kann Prioritäten richtig setzen – auch bei schnell wechselnden Anforderungen – und sorgt für einen angemessenen Ressourceneinsatz. Betreibt ein gutes Monitoring für die unterschiedlichen Projekte und beachtet auch kleinere Ist-Soll-Abweichungen zur frühzeitigen Kurskorrektur.

Erfassung auf dem B-E-I-Bewertungsbogen:

---
4. b) Planung, Organisation, Kontrolle
Bewerten Sie auf einer fünfstufigen Skala die von Ihnen wahrgenommene Ausprägung der Kompetenz *Planung, Organisation, Kontrolle* bei der oder dem Interviewten. Markieren Sie durch Ankreuzen:
    1: sehr schwach   2: schwach   3: mittel   4: stark   5: sehr stark

---

4. c) **Optimismus und Selbstzutrauen:** Die oder der Interviewte hat eine positive Grundeinstellung, wirkt gefestigt und selbstsicher, kann sich kritisch äußern, auch wenn dies nicht immer willkommen ist; zeigt zugleich aber auch die Fähigkeit zur Selbstkritik. Ist optimistisch in Bezug auf seine Problemfinde- und Problemlösungskompetenz, sowohl bei Sachaufgaben als auch in zwischenmenschlichen Situationen.

Erfassung auf dem B-E-I-Bewertungsbogen:

---
4. c) Optimismus und Selbstzutrauen
Bewerten Sie auf einer fünfstufigen Skala die von Ihnen wahrgenommene Ausprägung der Kompetenz *Optimismus und Selbstzutrauen* bei dem oder der Interviewten. Markieren Sie durch Ankreuzen:
    1: sehr schwach   2: schwach   3: mittel   4: stark   5: sehr stark

---

4. d) **Risikobereitschaft und zielorientierte Initiative:** Der oder die Interviewte hat klare und realistische Ziele und nimmt zu deren Erreichung auch kalkulierte persönliche und geschäftliche Risiken verantwortlich auf sich. Ergreift gern Initiativen: besitzt einen ansehnlichen Drang zur Tat, agiert aus sich heraus, auch ohne Anstöße von außen.

Erfassung auf dem B-E-I-Bewertungsbogen:

> **4. d) Risikobereitschaft und zielorientierte Initiative**
> Bewerten Sie auf einer fünfstufigen Skala die von Ihnen wahrgenommene Ausprägung der Kompetenz *Risikobereitschaft und zielorientierte Initiative* bei der oder dem Interviewten. Markieren Sie durch Ankreuzen:
> 1: sehr schwach   2: schwach   3: mittel   4: stark   5: sehr stark

4. e)   **Kommunikationsfähigkeit:** Die oder der Interviewte berücksichtigt die Vorgeordnetheit der Beziehungsebene vor der Sachebene, orientiert sich am Informationsstand des Gegenübers, kann gut zuhören, bereitet Informationen zielgruppengerecht auf, formuliert klar und verständlich, strukturiert Argumente, nutzt Beispiele, Analogien und geeignete sonstige Vergleiche.

Erfassung auf dem B-E-I-Bewertungsbogen:

> **4. e) Kommunkationsfähigkeit**
> Bewerten Sie auf einer fünfstufigen Skala die von Ihnen wahrgenommene Ausprägung der Kompetenz *Kommunikationsfähigkeit* bei dem oder der Interviewten. Markieren Sie durch Ankreuzen:
> 1: sehr schwach   2: schwach   3: mittel   4: stark   5: sehr stark

4. f)   **Überzeugen und Durchsetzen:** Der oder die Interviewte kann durch ihr/sein persönliches Auftreten Menschen für ihre/seine Ideen und Vorschläge einnehmen, wird in der Führungsrolle akzeptiert; kann sich – auch gegen Widerstand – durchsetzen, beweist „Zivilcourage". Verteidigt auch bei Widerspruch ihren/seinen Standpunkt und bringt ihr/sein Engagement in einer hohen Ergebnisorientierung zum Ausdruck.

Erfassung auf dem B-E-I-Bewertungsbogen:

> **4. f) Überzeugen und Durchsetzen**
> Bewerten Sie auf einer fünfstufigen Skala die von Ihnen wahrgenommene Ausprägung der Kompetenz **Überzeugen und Durchsetzen** bei der oder dem Interviewten. Markieren Sie durch Ankreuzen:
> 1: sehr schwach   2: schwach   3: mittel   4: stark   5: sehr stark

Im Folgenden sehen wir uns die bislang noch nicht besprochenen Interpretationskonzepte 5 bis 11 des Bewertungsbogens genauer an. Sie werden sehen, dass diese Konzepte Ihnen als sehr hilfreiche Werkzeu-

5. Leadership Motive-Pattern

Wie weiter vorne in diesem Band erwähnt, gab und gibt es noch immer einen beklagenswerten Mangel bei der Gewichtung der Bedeutung von Motivation, sowohl in der Praxis als auch in der Wissenschaft. Und das gilt vor allem bei der Besetzung von Führungspositionen, bei denen die motivationalen Kompetenzen gegenüber den kognitiven und sozialen mindestens gleich, wenn nicht in manchen Fällen sogar stärker zu gewichten sind.

Führungskräfte aus Wirtschaft und Politik befinden sich ja häufig in Situationen, die als anregend für das Machtmotiv gelten können: Sie müssen weithin beachtete und folgenreiche Entscheidungen treffen, müssen sich behaupten und durchsetzen sowie Mitarbeiter führen und motivieren. Die außerordentliche Bedeutung von Motivation gerade bei diesem Personenkreis bringt Rheinberg auf den Punkt: „Leistungen, die über die Verrichtung einfacher Routinen hinausgehen, erfordern sowohl hinreichende Fähigkeiten als auch die Motivation, diese Fähigkeiten einzusetzen. [...] Es genügt nicht, wenn eine Führungskraft weiß, wie sie idealerweise mit ihren Mitarbeitern kommunizieren sollte, oder weiß, wie sie komplexere Projekte optimal plant und realisiert, oder weiß, wie sie ihre Entscheidungen auch gegen Widerstände durchsetzt. All dies und vieles mehr muss sie nicht nur wissen, sondern auch ausführen, wenn die passenden Situationen anstehen. Ob sie das dann tut und mit welchem Engagement sie das macht, das ist eine Frage ihrer Motivation".[122]

Deshalb müssen wir für die in diesem Band betrachteten höheren beruflichen Funktionen den Bereich der Motivation in den dazu besonders relevanten Facetten prüfen. Neben der allgemeinen *Leistungsmotivation*, die ja für nahezu alle anspruchsvolleren Jobs von Bedeutung ist, hat man in den vergangenen Jahrzehnten für den Managementbereich vor allem die Macht- und die Bindungsmotivation in den Blick genommen und beforscht – und sie mit der Leistungsmotivation im Dreiklang gern als *die drei großen Motive in der Arbeitswelt* bezeichnet.

Grundsätzlich: Ein Motiv ist das, was Menschen bewegt und daher unmittelbar ihre Wahrnehmung und ihr Verhalten selektiert, orientiert und energetisiert.[123] Motive sind weitgehend unbewusste und unreflektierte, aber dauerhafte Bevorzugungen bestimmter Situationen bzw. Gelegenheiten. In solchen Situationen müssen sie durch Anreize

---

122 Rheinberg, 2013, S. 292
123 McClelland, 1987

angeregt werden, um verhaltenswirksam zu sein. Das heißt, ein Motiv wird sichtbar als ein besonderer Person-Umwelt-Bezug:
- So wird eine Person mit einem besonders starken *Leistungsmotiv* immer wieder von Situationen/Gelegenheiten angezogen bzw. sie aufsuchen, in denen sie durch ihre mitgebrachten Kompetenzen zeigen kann, wie sie etwas besonders gut macht und ein selbstwerterhöhendes Gefühl von Stolz auf das eigene Können und die gezeigte Leistung empfindet.
- Eine Person mit einem besonders starken *Machtmotiv* wird immer wieder von Situationen/Gelegenheiten angezogen bzw. sie aufsuchen, in denen sie durch ihren Einfluss auf andere Personen ein intensives Gefühl von eigener Macht und Stärke spürt.
- Und eine Person mit einem besonders starken *Bindungsmotiv* wird immer wieder von Situationen/Gelegenheiten angezogen bzw. sie aufsuchen, in denen sie das wohltuende Gefühl eines entspannten, vertrauensvollen Kontaktes mit Anderen erleben kann.[124]

Motive sind also die Beweggründe und damit Ursachen menschlichen Handelns. Sie werden danach unterschieden, zu welchem Thema eine motivational initiierte und aufrechterhaltene Aktivität gehört. Die hier betrachteten, eben schon erwähnten Handlungsthemen sind (in knapper Formulierung): „etwas besonders gut zu machen" (Leistungsmotiv), „auf andere Menschen Einfluss zu nehmen" (Machtmotiv) oder „vertrauensvollen Kontakt zu anderen aufzunehmen" (Bindungsmotiv).

Verhalten ist somit als Wechselwirkung zwischen personabhängiger Motivausprägung und situativen Anregungsbedingungen aufzufassen. Erst aus dem Zusammenspiel der personkonstanten Motive mit den passenden Anreizen der Situation lassen sich Motivationsprozesse verstehen und vorhersagen. Es ist allein schon gut zu wissen, dass es motivationale Voreinstellungen in der Situationswahrnehmung gibt und welche Situationsbedingungen für welche Motivausprägung günstig sind. Menschen unterscheiden sich darin, wie stark welche Motive bei ihnen ausgeprägt sind und durch die Anreizvielfalt des Alltagshandelns in Resonanz zu versetzen sind.

Diese subjektive Akzentuierung der Situationswahrnehmung kann als eine *motivspezifisch eingefärbte Brille* verstanden werden. So wird ein:e hoch leistungsmotivierte:r Manager:in auch informelle Gespräche bei abteilungsinternen Geburtstagsfeiern gerne als Gelegenheit sehen, z. B. künftige Produktionsabläufe oder die Angebotspalette zu optimieren, während ein:e hoch machtmotivierte:r Manager:in in der gleichen Situation viel eher Chancen zur Sicherung ihres/seines

---

124 Rheinberg, 2006, 2013

Einflussbereiches sehen oder Indizien für mögliche Intrigen erahnen wird. Motive beeinflussen also nicht nur die Interpretation von gegebenen Situationen, vielmehr nehmen sie auch partiell Einfluss darauf, in welchen Situationen wir uns besonders häufig befinden.[125]

Die drei großen Motive in der Arbeitswelt sind – wie erwähnt – Leistung, Macht und Bindung.[126]

1) Das *Leistungsmotiv* (L) meint den Wunsch nach Leistungsherausforderung durch anregende, komplexe, schwierige, aber lösbare Aufgaben, und diese dann besonders gut zu erledigen. Affektiver (= gefühlsmäßiger) Kern sind Neugier und Stolz.

2) Das *Machtmotiv* (M) steht für das Streben nach Einfluss auf und Kontrolle über andere, nach Autonomie und Entscheidungsspielraum. Affektiver Kern sind Selbstbehauptung und Stärke.

3) Das *Bindungsmotiv* (B) schließlich bezieht sich auf die Neigung, Gemeinschaft, Geselligkeit und Geborgenheit zu suchen, vertrauensvollen Kontakt zu anderen aufzunehmen und gute Beziehungen in einem sozialen Netz zu unterhalten. Affektiver Kern ist die Liebe.

Generell kann man – der Forschung zufolge – sagen, dass sich das Machtmotiv als wichtiger Prädiktor für die Vorhersage von Karrieren in Hierarchien und Erfolg auf höheren Führungsebenen herausgestellt hat. Macht meint – vereinfacht gesagt – die Fähigkeit, andere zu veranlassen, das zu tun, was man möchte, und sie von dem, was man nicht möchte, abzuhalten.

Meist aber werden die Prognosen noch genauer, wenn man die Ausprägung des Bindungsmotivs mitberücksichtigt. Dabei erwies es sich für Karriere- und Führungserfolg in den meisten (aber nicht allen) Managementpositionen als günstig, wenn das Bindungsmotiv deutlich schwächer ausgeprägt war als das Machtmotiv (M+, B–). Führungskräfte mit einer umgekehrten Motivkonstellation (Machtmotiv niedrig und Bindungsmotiv hoch: M–, B+) galten in den Augen ihrer Mitarbeiter:innen als „nette, aber schwache Charaktere". Sie würden nicht darauf bestehen, dass die legitimen Organisationsziele über den individuellen Sonderinteressen stünden und würden aus Sorge, sich unbeliebt zu machen, zu nachgiebig gegenüber Mitarbeiterwünschen sein.[127]

Jedenfalls: Nach vier Jahrzehnten der Forschung zur Motivation auf höheren Führungsebenen bleibt festzustellen, „dass die Kombination aus mittelhoch ausgeprägtem Leistungsmotiv (L±), stark ausgeprägtem Machtmotiv (M+) und eher schwach ausgeprägtem Bindungsmotiv

---

125 Rheinberg & Vollmeyer, 2011
126 Krug & Kuhl, 2006; Rheinberg, 2013
127 McClelland & Burnham, 1976

(B−) für viele Führungsfunktionen ein guter Erfolgsprädiktor ist."[128] Daher wird der Dreiklang L±, M+, B− auch als *Leadership Motive-Pattern* bezeichnet. Manager mit einem solchen *Pattern* (Muster) schaffen in den Augen ihrer Mitarbeiter ein günstiges Organisationsklima und sorgen für Organisationsklarheit und Teamgeist. Deshalb ist die valide Erfassung eines solchen Musters eine ganz zentrale Aufgabe für die Eignungsdiagnose.

Gleichwohl: Auch wenn die Motivkonstellation des *Leadership Motive-Patterns* in vielen Fällen in der Praxis als prognostisch zutreffend für den Erfolg einer Führungskraft herangezogen werden kann, so ist sie durchaus nicht für alle situativen Bedingungen ideal. Prüfbar ist das nur durch Rückbezug auf die Anforderungsanalyse. Zum Beispiel konnte man nachweisen, dass ein schwaches Bindungsmotiv nicht in allen Fällen günstig ist: In Organisationen bzw. Positionen oder Bereichen, in denen es sehr darauf ankommt, enge, persönliche Kontakte aufzubauen und zu pflegen, kann neben dem Machtmotiv sogar ein hohes Bindungsmotiv ein guter weiterer Prädiktor für den Erfolg einer Führungskraft sein.[129]

Für Professionals (Top-Fachkräfte) dagegen können wir die folgende Konstellation der drei Motive als „ideal" annehmen: stark ausgeprägtes Leistungsmotiv, deutlich schwächer ausgeprägtes Machtmotiv, mäßiges bis eventuell höheres Bindungsmotiv, kurz: L+ M− B+.

Nun weisen gewichtige Forschungsbefunde darauf hin, dass derartige komplexe, hoch generalisierte Motive aus zwei Schichten bestehen: Die eine Schicht (*expliziter* Motivanteil) ist dabei dem Bewusstsein zugänglich, die andere (*impliziter* Motivanteil) dagegen kaum. Konfliktfrei verhaltenswirksam ist ein Motiv (z. B. das Leistungsmotiv) nur dann, wenn es in beiden Facetten (der expliziten wie der impliziten) gleich oder ähnlich ausgerichtet ist. Diesen Forschungserkenntnissen zum Trotz aber werden in der Praxis der Management-Diagnostik die impliziten Motivanteile bis heute immer noch – wenn überhaupt – kaum in den Blick genommen; damit wird eine meiner Meinung nach prognostisch sehr bedeutsame Datenquelle vernachlässigt.

Wie aber kann man im Interview beide Schichten explorieren? Auf verschiedene Weise: Die obere Motivschicht beherbergt die *expliziten* Motivanteile; sie sind wie gesagt sprachlich repräsentiert und somit bewusst zugänglich. Aber die *impliziten* Motivanteile der unteren (dem Bewusstsein nicht unmittelbar zugänglichen) Schicht sind mit direkten Fragen einfach nicht adressierbar.[130]

---

[128] Rheinberg, 2013, S. 297; Krug & Kuhl, 2006, S. 124
[129] Rheinberg, 2006, S. 125
[130] Nisbett & Wilson, 1977

Weil implizite Motivanteile aus wenig bewussten emotionalen Vorlieben für bestimmte Situationen oder Handlungen bestehen, sind sie nur mit indirekten Methoden zu Tage zu fördern. Das lässt sich erreichen im Kontext unserer zwanglosen Provokationen von Erzählflüssen bei den Befragten und den dabei von ihnen *spontan* (d. h. unkontrolliert) geäußerten Inhalten. Immer dann, wenn solche Inhalte für die Interviewenden von Interesse erscheinen, können sie das Gespräch durch entsprechende (indirekte) Nachfragen steuern, und zwar mit Bezug auf emotionale Vorlieben bestimmter Handlungen oder Situationen, Fragen nach „inneren Bedürfnissen" u. ä. Denn nur wenn ein explizites Motiv gestützt wird durch ein korrespondierendes implizites (wenn also „Kopf und Bauch sich einig sind"), kann es, wie gesagt, verhaltenswirksam werden. Wird dagegen ein explizites Motiv nicht gestützt durch das korrespondierende implizite, d. h. fehlt eine Aktivierung des positiven emotionalen Erlebens durch das implizite Motiv, kommt ein motivationaler Handlungsantrieb (etwa zu Leistung, Macht oder Bindung) gar nicht zustande.

Oder anders formuliert: Da implizite und explizite Motive *unabhängige* Konstrukte sind, die zudem unterschiedliche Verhaltensbereiche prognostizieren, aber bei der Handlungssteuerung zusammenwirken[131], gibt es die Möglichkeiten von harmonischer Koalition oder einer Nicht-Übereinstimmung zwischen den zwei thematisch äquivalenten Motivfacetten (der expliziten und der impliziten). Im Falle einer Divergenz von explizitem und implizitem Motiv kommt es zu verhaltensmäßigen und emotionalen Beeinträchtigungen: etwa, wenn sich Kandidat:innen *explizit* ein Ziel gesetzt haben (das dazu nötige Können vorausgesetzt), das aber *implizit* durch kein thematisch äquivalentes Motiv unterstützt wird, z. B. (explizit) ein hohes Karriereziel (entspricht dem Machtmotiv) trotz eines schwachen impliziten Machtmotivs (= kaum vorhandene emotionale Vorliebe dazu), dann dürfte das langfristig kaum zum Erfolg führen. Erst bei einer harmonischen Koalition der beiden Machtmotiv-Facetten (der expliziten und der impliziten), also „wenn Bauch und Kopf sich einig sind",[132] – ist eine Aktivierung der impliziten Motiv-Facette möglich. Und eine solche Aktivierung der emotionalen Vorliebe für machtbezogene Situationen und Handlungen würde automatisch zu starken motivationalen Impulsen führen, die das Verhalten in solchen Situationen initiieren, energetisieren und unterstützen.

Darüber hinaus gibt es zur prognostischen Validität dieser beiden Motiv-Facetten eine beachtenswerte Befundlage: Implizite Motive sagen selbstinitiatives Verhalten in offenen, schwach strukturierten

---

131 Rheinberg, 2009a, 2009b; Scheffer, 2009
132 Gutzmer & Paulus, 2020

Situationen auch über längere Zeiträume vorher, explizite Motive eher nur vorgabenorientiertes Verhalten in umgrenzten, stärker regulierten Arbeitssituationen.[133] Offene, schwach strukturierte Situationen aber sind bei Führungs- und Management-Funktionen von derart zentraler Bedeutung[134], dass man auf Verhaltensprognosen in dieser Hinsicht gar nicht verzichten darf. Denn „ihre Verhaltenswirksamkeit entfalten implizite Motive vor allem dann, wenn Personen frei darin sind, ihr Verhalten zu wählen und zu gestalten".[135] Auch deshalb kommt es uns nicht nur auf die expliziten, sondern eben auch und insbesondere auf die impliziten Motive an, denn erst diese führen zu starken motivationalen Impulsen, die das Verhalten in entsprechenden Situationen antreiben.

Mit Bezug auf die *Big Three* der Arbeitswelt (Leistungsmotiv, Machtmotiv und Bindungsmotiv) müssen wir bei jeder/jedem der Kandidat:innen abschätzen, wie stark diese drei Motive bei der jeweiligen Person ausgeprägt sind, und zwar, ob implizite und explizite Facette je Motiv existent und kongruent sind.

Schließlich stellt sich noch die Frage, ob es ein eindeutig dominantes Motiv gibt und wie die drei Motive miteinander interagieren. Dominiert z. B. das Machtmotiv alle anderen Motive, fragt sich, ob und wie es „zivilisiert" werden kann, ob es bei einer gegebenen Stellenanforderung noch der „Abfederung" durch eine gewisse Ausprägung auf dem Bindungsmotiv bräuchte etc.?

Erfassung auf dem B-E-I-Bewertungsbogen:

> **5. Leaderhip Motive-Pattern**
>
> Das *Leistungsmotiv* (L) meint den Drang nach Leistungsherausforderung durch anregende, komplexe, schwierige, aber lösbare Aufgaben, und diese dann besonders gut zu erledigen. Affektiver Kern sind Neugier und Stolz.
>
> Bewerten Sie auf einer fünfstufigen Skala die von Ihnen wahrgenommene Ausprägung des Leistungsmotivs bei der oder dem Interviewten. Markieren Sie durch Ankreuzen:
> 1: sehr schwach   2: schwach   3: mittel   4: stark,   5: sehr stark
>
> Das *Machtmotiv* (M) steht für das Streben nach Einfluss auf und Kontrolle über andere, nach Autonomie und Entscheidungsspielraum. Affektiver Kern sind Selbstbehauptung und Stärke.
>
> Bewerten Sie auf einer fünfstufigen Skala die von Ihnen wahrgenommene Ausprägung des Machtmotivs bei der oder dem Interviewten. Markieren Sie durch Ankreuzen:
> 1: sehr schwach   2: schwach   3: mittel   4: stark,   5: sehr stark

---

133 Brunstein, 2003
134 Sarges, 2013c
135 Weber & Rammsayer, 2012, S. 112

> Das *Bindungsmotiv* (B) schließlich bezieht sich auf die Neigung, Gemeinschaft und Geborgenheit zu suchen, vertrauensvollen Kontakt zu anderen aufzunehmen und gute Beziehungen in einem sozialen Netz zu unterhalten. Affektiver Kern ist die Liebe.
>
> Bewerten Sie auf einer fünfstufigen Skala die von Ihnen wahrgenommene Ausprägung des Bindungsmotivs bei der oder dem Interviewten. Markieren Sie durch Ankreuzen:
>
>   1: sehr schwach   2: schwach   3: mittel   4: stark,   5: sehr stark

6. Introversion–Extraversion

In der Praxis wird ein verhaltensmächtiges Persönlichkeitsmerkmal viel zu wenig in den Blick und gebührend ernst genommen, welches uns deutlich mehr von der Persönlichkeitsstruktur von Bewerbenden verraten könnte, als gemeinhin angenommen wird. Dieses Merkmal wird üblicherweise nur als „Extraversion" bezeichnet, ist in dieser Form jedoch eine starke Verkürzung, die nur die sprichwörtliche „halbe Wahrheit" wiedergibt. Leider findet sich diese Verkürzung nicht nur in der Praxis, sondern gelegentlich auch in der Wissenschaft.

Vollständiger müsste das Persönlichkeitsmerkmal als *Introversion–Extraversion* bezeichnet werden: Diese beiden Begriffe sind nämlich in „ganzer Wahrheit" die beiden *Pole* einer inhaltlich breit konzipierten, bipolaren Dimension. Dass nun dieses bipolare Merkmal oft zur Extraversion verkürzt wird, hängt wohl auch damit zusammen, dass wir in einer Welt leben, in der extravertierte Menschen den Ton angeben, sei es am Arbeitsplatz, in der Schule oder im Privatleben. Ein solches Verhalten scheint höher geschätzt zu werden als das Verhalten und die Eigenarten von Introvertierten.

Während extravertierte Personen eher ihrer Umwelt, besonders ihrer sozialen Umwelt, zugewandt sind als ihrem eigenen inneren Erleben, sind introvertierte Personen mehr ihrem inneren Erleben zugewandt als ihrer Umwelt.[136] Extravertierte blühen in Gesellschaft auf, glänzen durch Vorwärtsdrang und Kontaktfreude; Introvertierte ertragen sozialen Austausch nur in Maßen, mögen keinen Small Talk, suchen stattdessen mehr die äußere Ruhe. Introvertierte können sich stundenlang konzentrieren, schätzen klare Strukturen, Berechenbarkeit und eine gewisse Sicherheit. Extravertierte sind risikoaffiner und entscheidungsfreudiger.[137]

Die bipolare Skalierung des Persönlichkeitsmerkmals *Introversion–Extraversion* ist gewissermaßen das Gegenteil der unipolaren Skalierung, wie sie etwa bei den früher besprochenen Merkmalen *Intelligenz* oder *Gewissenhaftigkeit* vorliegt: die zahlenmäßig unterlegte

---

[136] Asendorpf, 2013
[137] a.a.O.; Orozco, 2020

Tabelle 3: Facetten von *Introversion–Extraversion*, getrennt nach Intro- und Extraversion*

Facette	Introversion	Extraversion
Aktivität	gemächlich, langsam, passiv	aktiv, lebhaft, hektisch
Erlebnishunger	bedächtig, behutsam, vorsichtig	abenteuerlustig, risikofreudig, waghalsig
Frohsinn	ernst, unbeeindruckt, unbeteiligt	fröhlich, gut gelaunt, heiter
Herzlichkeit	abwesend, kühl, zurückhaltend	freundlich herzlich, nett
Geselligkeit	distanziert, ungesellig, verschlossen	gesellig, gesprächig, kontaktfreudig
Durchsetzungsfähigkeit	entscheidungsschwach, unentschlossen, unterwürfig	entscheidungsfreudig, energisch, dominant

* Asendorpf, 2013, S. 364

Ausprägungsskala bei Intelligenz reicht von gering über mittel bis hoch, entsprechend bei Gewissenhaftigkeit. Beim bipolaren Merkmal *Introversion–Extraversion* spannt sich die messtechnische Ausprägungsskala zwar ebenfalls von gering über mittel bis hoch auf – trotzdem bedeutet dabei eine hohe Ausprägung zwar hohe Extraversion, eine niedrige Ausprägung jedoch nicht etwa niedrige Extraversion, sondern hohe Introversion. Das ist der Grund dafür, dass eine Nennung nur des einen Poles in der Namensgebung (Extraversion), wie oben skizziert, nur die „halbe Wahrheit" widerspiegelt. Tabelle 3 zeigt für das Merkmal *Introversion–Extraversion* die sechs Facetten der umgangssprachlichen Verhaltensweisen bei jeweils starker Ausprägung.

Wie man sieht, ist *Introversion–Extraversion* eine auch im Alltag gut beobachtbare und einschätzbare Variable (eine sog. „öffentliche" Persönlichkeitseigenschaft), und in Einstellungsinterviews (d. h. bei Fremdbeobachtung durch Interviewende und Beisitzende) sogar valider einschätzbar als durch übliche Selbsteinschätzungen der betreffenden Kandidat:innen in einem entsprechenden Fragebogen.

Introvertierte sind keine Minderheit: Es gibt in der Bevölkerungspopulation gleich viele Introvertierte wie Extravertierte; auch sind beide Gruppen im Durchschnitt gleich intelligent, aber die Extravertierten, d. h. die Lauteren und Energiegeladenen, können sich selbst und ihre Einfälle gut verkaufen und setzen sich auch schneller durch. Die Introvertierten hingegen, also die stillen Denker:innen, die leisen Tüftler:innen, die Nachdenklichen fallen nicht so stark auf.[138] Trotzdem haben auch diese Introvertierten eine große Bedeutung: Introvertierte „Leisetreter:innen" sind nicht automatisch schüchtern oder durchsetzungsschwach, sie machen nur kein großes Aufhebens um sich als Person. Präsentationszwang, dauerndes Teamwork und Gruppendruck sind Gegenspieler für die kreative Kraft dieser stillen, in sich

138 Cain, 2013

gekehrten Menschen. Dabei sind oft gerade ihre Ideen die besseren, und glücklicherweise setzen sie diese oftmals auch gegen Widerstand durch.

Nicht wenige der größten Ideen, Erfindungen und Kunstwerke stammen von stillen und feinsinnigen Menschen, die gern allein arbeiten. Ihnen verdanken wir beispielsweise die Gravitationstheorie (Isaac Newton), die Evolutionstheorie (Charles Darwin), die Entdeckung der Radioaktivität (Marie Curie), die Relativitätstheorie (Albert Einstein). Introvertierte schufen große Malereien der Kunstgeschichte (Michelangelo), komponierten berühmte Musik und schrieben große Literatur.[139] Doch auch erfolgreiche Menschen der heutigen Zeit, die besonders im Rampenlicht stehen, sind bisweilen eher ruhige Persönlichkeiten: Politiker (Angela Merkel, Frank-Walter Steinmeier, Barack Obama), Filmemacher und Schauspieler (Steven Spielberg, Clint Eastwood, Matthias Brandt), Groß-Investoren (Warren Buffet, George Soros), die größten Unternehmer unserer Zeit (Microsoft-Gründer Bill Gates, Facebook-Erfinder Mark Zuckerberg, Google-Schöpfer Larry Page, Amazon-Chef Jeff Bezos).[140]

Extravertierte Vorgesetzte sind dann im Vorteil, wenn es darum geht, in einer Krisensituation oder unter ständigem Druck zu führen, vergleichbar den Situationen bei der Feuerwehr oder der Polizei. Extravertierte entscheiden schnell, weil sie weniger kompliziert nachdenken und aktionsorientiert sind. Sie sind auch besser darin, andere mitzureißen, und können selbst demotivierte Teammitglieder wieder begeistern.

In einer Umgebung hingegen, in der es um komplexe Entscheidungen geht und das einzelne Teammitglied viel Verantwortung trägt, werden introvertierte Vorgesetzte geschätzt; bei Start-ups oder Unternehmensberatungen zum Beispiel. Introvertierte Leitende motivieren, indem sie ihren Team-Mitgliedern Gestaltungsspielraum lassen. Sie strahlen Sicherheit und Stabilität aus, sind sozusagen der Fels in der Brandung. Auch gibt es inzwischen Megatrends, die den Introvertierten in die Hände spielen: Der Zahlenfokus bei *Big Data* ist beispielsweise einer, und auch die in bisher entferntere Gebiete fortschreitende Digitalisierung.[141]

Introvertierte bevorzugen eher eine kooperative Umgebung, wohingegen Extravertierte lieber konkurrieren.[142] Wie aber sieht es dann mit der Zusammenarbeit von Extravertierten und Introvertierten

---

139 ebd.
140 Bund, 2019
141 Bund & Rohwedder, 2019
142 Cain, 2013

aus? Gemischte Teams können gut von ihren unterschiedlichen Fähigkeiten profitieren. Unternehmensberatungsfirmen etwa schicken extravertierte und introvertierte Mitarbeiter gezielt gemeinsam zum Kundentermin. Während die Extravertierten beim Präsentieren überzeugen, punkten die Introvertierten mit ihrem Detailwissen. An Unternehmensspitzen und bei Extravert-Introvert-Allianzen funktioniert das Zusammenspiel sogar besonders erfolgreich: Steve Jobs von *Apple* war ein genialer Verkäufer, sein Co-Gründer Steve Wozniak ein begnadeter Tüftler. Bei *Facebook* bilden der „nerdige" Mark Zuckerberg und die kommunikatiosbegabte Sheryl Sandberg seit Jahren ein symbiotisches Duo. Derartige Zusammenarbeit funktioniert jedoch nur, wenn jeder um die Stärken des anderen weiß, diese auch wertschätzt und dessen Bedürfnisse respektiert.[143]

Darüber hinaus ergibt es Sinn, nicht nur zwei Personengruppen, nämlich Intro- und Extravertierte zu unterscheiden, sondern sogar drei: Introvertierte („Intros"), Ambivertierte („Ambis", oder auch Zentrovertierte genannt: „Zentros") und Extravertierte („Extras"). Ambivertierte liegen in ihrem Verhalten und Erleben genau zwischen diesen beiden Polen. Sie besitzen einen flexiblen Mix aus intro- und extravertierten Eigenschaftsfacetten. Gerade die Ambivertierten haben mit ihrer ausbalancierten Position einiges zu bieten. Sie können manchmal, je nach Lage der Dinge und Erfordernisse, wie Introvertierte und ein andermal wie Extravertierte agieren; sie fühlen sich dann wohl, wenn sie in ihrem Leben „laute" ebenso wie „leise" Momente haben. Sie können z. B. gut allein sein, brauchen nach einer solchen Phase dann aber auch wieder ausgiebig Gesellschaft. Ambivertierte nutzen ihre Talente zu Vielfalt, Ausgleich und Balance, Stabilität und Beweglichkeit. Sie kommen mit anderen leicht klar und finden eine gute Verständigungsbasis mit den verschiedensten Menschen. Viele von ihnen sind immer wieder Brückenbauer:innen oder diplomatische Vermittler:innen – in der Mediation, in Verhandlungen oder im Entwickeln von Projekten mit mehreren Beteiligten und ihren Interessen.[144] Dazu passt auch der empirische Befund, dass entgegen der weitverbreiteten Annahme, Extravertierte (Extras) seien erfolgreiche Verkäufer, die Ambivertierten (Ambis) in dieser Hinsicht sogar noch besser sind: Sie pflegen ein flexibles Muster von Reden und Zuhören und können recht erfolgreich überzeugen, nicht zuletzt wegen ihrer besonderen Begabung zum Vermitteln.[145]

So viel über das inhaltlich meist nur unipolar bezeichnete und interpretierte Persönlichkeitsmerkmal *Extraversion*, das allerdings drei

---

[143] Bund & Rohwedder, 2019
[144] Löhken, 2016, S. 78 ff.
[145] Grant, 2013

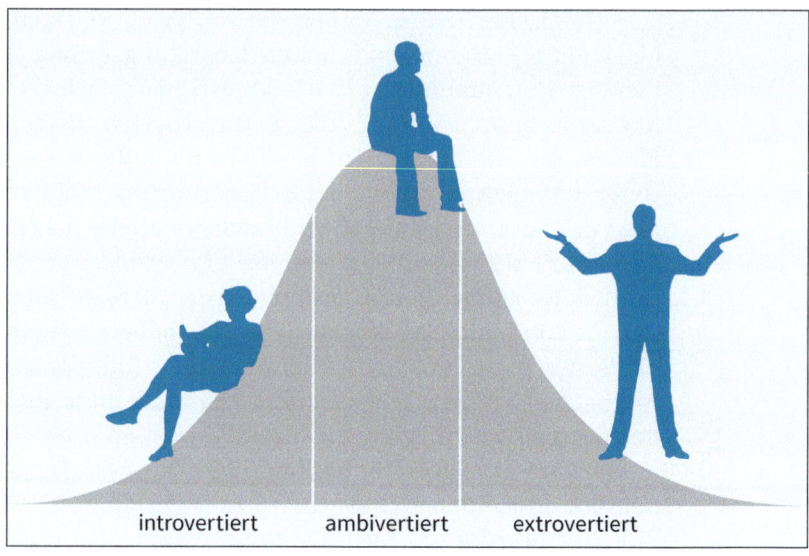

Abbildung 11: Skala *Introversion–Extraversion* mit Gauß'scher Normalverteilung der Ausprägungen, aufgeteilt in drei Gruppen: Introvertierte, Ambivertierte, Extravertierte (Löhken, 2016, S. 11)

wichtig zu unterscheidende Bedeutungssektoren aufweist, nämlich Introversion (links), Ambiversion (Mitte) und Extraversion (rechts), wie hier in Abbildung 11 illustriert.

Erfassung auf dem B-E-I-Bewertungsbogen:

> **6. Introversion vs. Extraversion**
> Bewerten Sie die wahrgenommene Zugehörigkeit des oder der Interviewten entweder zu *Introversion, Ambiversion* oder *Extraversion*. Markieren Sie durch Ankreuzen zunächst die Gruppenzugehörigkeit, und in einem zweiten Schritt, wie stark ausgeprägt (eindeutig) Sie diese Zugehörigkeit empfunden haben:
> Gruppe: Introvertiert   Ambivertiert   Extravertiert
> Ausprägung: 1: sehr schwach 2: schwach 3: mittel 4: stark 5: sehr stark

7. Die acht Karriere-Anker[146]

Zur Einstimmung auf das weiter unten folgende Kapitel 6, in dem es um die Frage der Passung von Person und Situation geht, prüfen wir – zunächst mehr global als detailliert –, welcher Typ von Karriere zu der oder dem in Rede stehenden Kandidat:in passen könnte. Dazu

---

146 Dieser Text basiert weitgehend auf demjenigen zum Stichwort „Karriereanker" in Wikipedia (Zugriff am 01.12.2019).

nehmen wir Bezug auf die Studien von *Edgar Schein*[147], der herausgefunden hat, dass es in der Praxis für die Laufbahnen in den Bereichen Führung und Expertentum acht verschiedene Karrierewege gibt, die hinreichend unterscheidbar, aussagestark und inhaltlich bis heute aktuell sind. Diese Wege bezeichnete er als *Karriere-Anker*:

Technische/funktionale Kompetenz

Personen mit diesem Karriereanker haben eine starke Motivation für Aufgaben einer bestimmten Art. Es handelt sich um ausgesprochene Expert:innen (Spezialist:innen). Beispiele sind Berufe wie Steuerberater:in, Fachanwältin oder -anwalt, Herzchirurg:in, Fachverkäufer:in, Programmierer:in, Wissenschaftler:in, Handwerker:in, Finanzanalyst:in. Sie identifizieren sich mit ihrer *Aufgabe*, und Karriere bedeutet für diese Personen einen Zugewinn an Spezialwissen oder Fachkompetenz. Management als solches reizt sie weniger. Sie erwarten Anerkennung und Wertschätzung ihres Fachwissens und -könnens, das sie kontinuierlich weiterentwickeln. Diese Wertschätzung ist dann besonders bedeutungsvoll, wenn sie von anderen Expert:innen auf dem gleichen Gebiet kommt.

Befähigung zum General Management

Diese Personen sehen in der Spezialisierung eine Sackgasse. Sie wollen das Fachwissen verschiedener Disziplinen und Funktionen koordinieren und auf ein bestimmtes (gemeinsames) Ziel ausrichten (Beitrag zum Unternehmenserfolg). Dazu müssen die Vertreter:innen dieses Karriereankers über funktionales Fachwissen (z. B. Beschaffung, Produktion, Vertrieb, Marketing, Finanzen) verfügen, um mit den funktionalen Expert:innen kommunizieren zu können. Priorität hat nicht das Wissen, das in die Tiefe, sondern das in die Breite geht. Ihre wichtigsten Motive und Werte sind Gestaltung, Verantwortung, Führung und (sozialer) Aufstieg. Die wichtigsten Fähigkeiten sind analytisches Denkvermögen, *Helicopter View,* zielorientierte Initiative, Risikobereitschaft, Überzeugen und Durchsetzen.

Autonomie/Unabhängigkeit

Für Menschen mit diesem Karriereanker bedeuten Karriere und Weiterentwicklung einen Zugewinn an Selbstständigkeit und Unabhängigkeit. Sie können es nur schwer ertragen, wenn ihre Vorgesetzten ihnen sagen, was zu tun ist, Regeln vorgeben und über ihr Gehalt oder Arbeitszeit entscheiden. Für sie ist eine Organisation mit festgelegten Prozessen, Verhaltensregeln und Vorschriften wie ein Goldener Käfig.

---

147 Schein, 1993

Am wenigsten mögen sie Kontrolle durch ihren Chef oder ihre Chefin. Vertreter:innen dieses Karriereankers findet man besonders häufig in den freien Berufen sowie im Kleingewerbe und Handwerk.

Sicherheit/Stabilität

Diese Personen legen einen besonders großen Wert auf Sicherheit und Vorausschaubarkeit der zukünftigen (beruflichen) Entwicklung. Mit zunehmendem Alter kommt der Wunsch nach finanzieller Sicherheit hinzu. Sie bevorzugen Unternehmen, die eine lebenslange Beschäftigung garantieren und klar definieren, was konkret zu tun ist, um einen Schritt voranzukommen. Diese Sicherheit und Verlässlichkeit des Unternehmens honorieren sie mit einer besonders großen Loyalität. Mit ihrer Beständigkeit und Zuverlässigkeit können sie sich von „einfachen" Angestellten bis hin zu oberen Führungsebenen entwickeln.

Unternehmerische Kreativität

Menschen mit diesem Karriereanker sind davon besessen, Geschäftsideen in die Praxis umzusetzen. Das können neue Produkte oder Dienstleistungen oder Modifikationen existierender Angebote sein. Um das zu realisieren, sind sie bereit, auf Unabhängigkeit zu verzichten. In ihren Augen liegt das sprichwörtliche Geld auf der Straße, das man nur noch aufheben muss. Die wichtigste Antriebskraft dieser Menschen sind Besitz und Eigentum, die sie mit kreativen Ideen schaffen und worauf sie stolz sind.

Dienst oder Hingabe für eine Idee oder Sache

Durch ihre Arbeit wollen diese Menschen ihre persönlichen Idealvorstellungen realisieren und etwas Sinnvolles für andere Menschen oder für die Gesellschaft schaffen. Vertreter:innen dieses Karriereankers findet man meistens in pflegenden, heilenden oder lehrenden Berufen. Hinzu kommen Stabsfunktionen in Unternehmen wie zum Beispiel Personalwirtschaft, Controlling, Marktforschung, Qualitätssicherung oder Aus- und Weiterbildung. Am wichtigsten ist hier das Gefühl, etwas Sinnvolles für andere Menschen zu tun.

Totale Herausforderung

Der wichtigste Antrieb dieser Personen ist die Suche nach Herausforderungen. Sie werden keinesfalls auf die Möglichkeit verzichten, Lösungen für scheinbar unlösbare Probleme zu finden, überlegene Gegner zu besiegen oder schwierige Hindernisse zu überwinden – kurz: das Unmögliche möglich zu machen. Die Bewältigung neuartiger Situationen und Schwierigkeiten ist das Ziel. Letztlich geht es ihnen um Wettbewerb oder Wettkampf. Diese Menschen wachsen mit ihren Herausforderungen und bevorzugen Probleme, die bislang niemand gelöst hat. Das können betriebliche, sportliche, künstlerische, politische oder finanzielle Herausforderungen sein. Einige dieser Menschen machen sich sogar das Diktum von Albert Einstein zu eigen: „If you don't attempt the absurd, you can never achieve the impossible!" (Wer nicht das Absurde versucht, wird niemals das Unmögliche erreichen!).

Lebensstil-Integration

Das besondere Anliegen dieser Menschen ist es, persönliche Bedürfnisse sowie Anforderungen des Berufs und der Familie in Einklang zu bringen. Sie definieren Erfolg anhand weiter gesteckter Kriterien als Erfolg nur im Beruf. Hinzu kommt die Fähigkeit, vertrauensvolle Beziehungen zwischen verschiedenen Menschen und Interessengruppen zu schaffen. Vertreter:innen dieses Ankers findet man besonders häufig im diplomatischen Dienst, in Holding-Strukturen, im Lobbying und in der Öffentlichkeitsarbeit.

Erfassung auf dem B-E-I-Bewertungsbogen:

7. Die acht Karriere-Anker		
Notieren Sie für die oder den Interviewte(n) die folgenden Eindrücke:		
stärkster Anker	evtl. zweitstärkster	evtl. drittstärkster
………………………	………………………	………………………

8. Erfolgreiche vs. produktive Manager

Für den Karriere-Anker *Befähigung zum General Management* gibt es nun noch eine Aufspaltung in zwei gut unterscheidbare Gruppen: *Luthans* entdeckte in einer ausgedehnten Studie[148] einen interessanten Unterschied zwischen zwei Typen von Manager:innen, nämlich *successful managers* vs. *productive managers*. Erstere *(successful managers)* steigen schnell auf, und haben dabei nicht viel gemeinsam mit den *productive managers*, welche mit ihrer Einheit einen quantitativ und qualitativ hohen Output produzieren. Für *successful managers* ist Erfolg als *Aufstieg* definiert, wofür vor allem das Netzwerkbilden (interacting with outsiders, socializing/politicking) der Schlüsselfaktor ist. Für *productive managers* misst sich Erfolg primär an *Produktivität*, und entscheidende Faktoren sind die Kommunikation (exchanging information, paperwork) sowie Aktivitäten der Personalführung (motivating/

---

148 Luthans, 1988

reinforcing, managing conflict, staffing, training/developing, disciplining/punishing). Zusammengefasst: Während erfolgreiche Manager:innen sich auf Netzwerken und Eigenwerbung konzentrieren, fokussieren effektive Manager:innen auf People Management und Kommunikation.

Bezogen auf die Motivkonstellationen dieser beiden Management-Typen lässt sich annehmen, dass die *successful managers* wohl ein besonders hohes Macht-Motiv besitzen und die *productive managers* in allen drei Motiven Leistung, Macht- und Bindung positive Ausprägungen haben, im Leistungsmotiv aber vermutlich die höchste. Es gibt wohl relativ wenige Manager:innen (< 10%), die beides können – erfolgreich *und* effektiv zu sein. Diese wenigen halten eine feinfühlige Balance zwischen Kommunikation, Netzwerken, Personalmanagement und Management.

Erfassung auf dem B-E-I-Bewertungsbogen:

8. Erfolgreiche vs. Produktive Manager
Halten Sie durch Ankreuzen fest, welcher Kategorie sie die befragte Person zuordnen würden:
eher erfolgreich   beides   eher produktiv

9. High vs. Medium Potentials

Anfang der 1980er Jahre entwickelte das *Allensbacher Institut für Demoskopie* eine Skala zur Identifizierung von Meinungsführern. Die Skala wurde u. a. so zusammengestellt, dass sie ein plausibles Konzept zur *Persönlichkeitsstärke* zu erfassen gestattete. Später schlugen die Autoren vor, dass man dieses ursprünglich für das Marketing entwickelte Konzept doch auch auf das weite Feld der Auswahl und des Trainings von Führungskräften übertragen könne.[149]

Dieser Gedanke wurde dann 1997 vom Wirtschaftsmagazin *Capital* aufgegriffen und in ein methodisch adäquates Untersuchungsdesign (High vs. Medium Potentials) umgesetzt:

Dreißig bedeutende deutsche Aktiengesellschaften wurden um Unterstützung für eine junge Manager-Elite-Untersuchung gebeten. 19 Konzerne (von Allianz bis Volkswagen) erklärten sich daraufhin bereit, dem *Institut für Demoskopie Allensbach* insgesamt 110 Personen ihrer Nachwuchs-Manager:innen mit Spitzenpotenzial (= High Potentials) zu benennen (Alter: zwischen 28 und 35 Jahren). Dieser Gruppe wurde dann zum Vergleich eine Kontrollgruppe von 60 Personen

---

149 Kliem, 1987, 1989

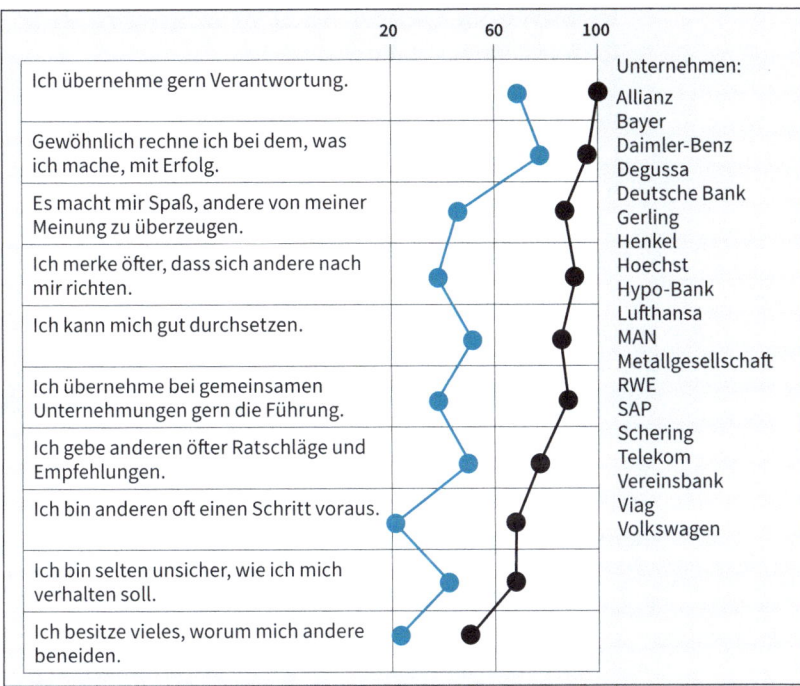

Abbildung 12: Vergleich von High Potentials (schwarz) und Medium Potentials (blau) im Profil der Allensbach-Studie (Erläuterung im Text); rechts die Liste der teilnehmenden Unternehmen (Noelle-Neumann, 1997)

gegenübergestellt, die seitens des Allensbacher Instituts zusammengestellt war, und zwar gemäß den Parallelisierungskriterien Alter, Geschlecht, Bildungsstand und gesellschaftlich-wirtschaftlicher Status (= Medium Potentials).[150]

Die Personen dieser beiden Gruppen wurden sodann anonym mit Bezug auf zehn Statements (Items) befragt, wie sie sich selbst einschätzen. Die prozentualen Anteile der Zustimmung jeder der beiden Gruppen zu den Statements sind in Abbildung 12 graphisch dargestellt.

Die zehn Anteilsdifferenzen zwischen beiden Personengruppen gehen alle in dieselbe Richtung: High Potentials haben durchgehend höhere Werte als Medium Potentials, und diese Differenzen in den Selbsteinschätzungen sind alle hochsignifikant vom Zufall verschieden, bei den vier fett gedruckten Items auch noch besonders beträchtlich:

- Ich übernehme gern Verantwortung.
- Gewöhnlich rechne ich bei dem, was ich mache, mit Erfolg.
- **Es macht mir Spaß, andere von meiner Meinung zu überzeugen**

---

[150] IfD Allensbach, 1997, S. 12.

- **Ich merke öfter, dass sich andere nach mir richten.**
- Ich kann mich gut durchsetzen.
- **Ich übernehme bei gemeinsamen Unternehmungen gern die Führung.**
- Ich gebe anderen öfters Ratschläge und Empfehlungen.
- **Ich bin anderen oft um einen Schritt voraus.**
- Ich bin selten unsicher, wie ich mich verhalten soll.
- Ich besitze vieles, worum mich andere beneiden.

Was sagt das aus? Die Inhalte dieser Items (Statements) sind im Wesentlichen solche, die man zur Kategorie der Machtmotivation zählen kann (d. h. starke Überzeugungs- und Führungskraft). Daraus folgt: Äußern Kandidat:innen in ihren Antworten während des Interviews mehrere solcher Statements in ähnlicher Formulierung, also beim Berichten über ein Ereignis, eine Erfahrung, eine Leistung etc., so sind das durchweg inhaltsvalide Hinweise auf die Stärke ihres Machtmotivs.

Erfassung auf dem B-E-I-Bewertungsbogen:

---

9. High vs. Medium Potentials

Halten Sie fest, welcher der beiden Kategorien Sie die befragte Person zuordnen würden:

                eher Medium Potential   eher High Potential

---

10. Persönlichkeitsunterschiede zwischen Vorstandsvorsitzenden und Durchschnittsmanagern

In einer größer angelegten, exklusiven Studie aus dem Feld der Personalberatungen wurden CEOs deutscher Firmen zu der Frage interviewt, welche Unterschiede sie in der Persönlichkeit von CEOs verglichen mit Durchschnittsmanager:innen sähen.[151] In den Ergebnissen zeichneten sich klare Muster ab: Vorstandschefinnen und -chefs heben sich in Karriereweg und Persönlichkeit deutlich von Durchschnittsmanager:innen ab.

Die CEOs selbst sahen als die wesentlichen Bedingungen für eine Spitzenkarriere: Mut, Risikobereitschaft, Offenheit, Glaubwürdigkeit und überragende Kommunikationsfähigkeit. Was den Interviewer:innen noch auffiel, war eine große Aufgeschlossenheit für Neues und ein ausgeprägtes Talent zum positiven Denken.

Und weiterhin: Erfolgreiche Top-Manager:innen übernehmen immer wieder sehr schwierige Aufgaben und große Herausforderungen

---

151 Buchhorn, 2020

mit fraglicher Erfolgswahrscheinlichkeit – ein deutlicher Unterschied zu Normalkarrieren. Dabei lassen sie sich von Niederlagen oder Sackgassen nicht entmutigen; statt lange zu grübeln, stehen sie wieder auf und machen weiter.

Übrigens: In der Schule waren spätere CEOs nicht unbedingt Musterschüler:innen, richtig aufgewacht aber sind die meisten spätestens an der Universität. Das Studium gilt ihnen rückwirkend als der Ort, an dem sie den Umgang mit komplexen Themen gelernt haben.

Dieses Persönlichkeitsmuster halten sowohl die befragten CEOs selbst als auch die Interviewer:innen der Studie für zeitlos. Indes: Auch wenn die obigen Befunde plausibel klingen, so bedürften sie doch noch einer unparteiischen Nachprüfung durch außenstehende Forscher:innen – allein schon, um Halo-Effekte zu kontrollieren und Selbst-Glorifizierungen von CEOs zu relativieren.

Erfassung auf dem B-E-I-Bewertungsbogen:

---

10. Vorstandsvorsitzende:r vs. Durchschnittsmanager:in

Halten Sie fest, welcher der beiden Kategorien Sie die befragte Person zuordnen würden:

     eher Vorstandsvorsitzende:r   eher Durchschnittsmanager:in

---

11. Die Dunkle Triade

Vor etwa zwei Jahrzehnten tauchte in der Management-Diagnostik der Begriff der *Dunklen Triade* auf.[152] Gemeint damit sind die drei Persönlichkeitsmerkmale Narzissmus, Machiavellismus und Psychopathie. Diese Merkmale in überdurchschnittlicher Ausprägung können bei einer Person einzeln, gemeinsam oder in einer der drei Zweier-Kombinationen auftreten. Das Interesse daran kam aus der Beobachtung, dass bei Führungskräften häufiger als bei anderen Mitarbeitern eine, zwei oder gar alle drei der obigen Merkmale in stärkerer Ausprägung vorgefunden wurden.[153]

- Der *Narzisst* oder die *Narzisstin* hält sich für etwas Besonderes und zeichnet sich vor allem durch Selbstüberhöhung aus (Egozentrismus, Egomanie). Sie oder er ist der Meinung: „Die anderen sind dazu da, um mich zu bewundern".
- Der *Machiavellist* oder die *Machiavellistin* (Machtmensch) ist der Überzeugung: „Der Zweck heiligt die Mittel." Daher gibt es für sie oder ihn keine Grenzen dafür, ihre/seine Ziele zu erreichen.

---

152 Paulhus & Williams, 2002
153 Dammann, 2007; Schwarzinger & Frintrup, 2010

- Der *Psychopath* oder die *Psychopathin* „behandelt andere als Objekt und fällt durch rücksichtslose Verhaltensweisen auf". Sie oder er hat keine Angst vor Konsequenzen, was sie oder ihn impulsiv und kaltblütig werden lassen kann. Manche von ihnen begehen sogar Straftaten.

Allerdings ist die Dunkle Triade zwiespältig: Narzissmus, Machiavellismus und Psychopathie gelten als sozial problematische Merkmale, sind aber trotzdem nicht selten zunächst mit beruflichem Erfolg assoziiert. Trotzdem stiften solche Manager oft und schlussendlich mehr Schaden als Nutzen – daher vermutlich das Attribut „dunkel". In diesem Zusammenhang ist die Lektüre des hervorragend recherchierten Bandes *Warum scheitern Manager?* ausgesprochen aufschlussreich.[154]

Jedenfalls: Die berufsbezogenen Auswirkungen erhöhter Ausprägungen auf den drei Merkmalen münden oft in einen gefühllos-manipulativen, nicht selten auch aggressiven Stil im Umgang mit anderen Menschen und sind damit durchweg als negativ zu beurteilen. Deshalb sollten wir der Gefahr des Vorliegens eines solchen triadischen Syndroms vorbeugen und die diagnostischen Informationen aus dem Interview sorgfältig prüfend noch einmal Revue passieren lassen.

Erfassung auf dem B-E-I-Bewertungsbogen:

---

11. Die Dunkle Triade

Bewerten Sie auf einer 5-stufigen Skala die wahrgenommene Zugehörigkeit des oder der Interviewten zu *Narzissmus, Machiavellismus* oder *Psychopathie*. Markieren Sie durch Ankreuzen, wie stark ausgeprägt Sie das betreffende Merkmal empfunden haben:

N: Narzisst:in
    1: sehr schwach 2: schwach 3: mittel 4: stark 5: sehr stark

M: Machiavellist:in
    1: sehr schwach 2: schwach 3: mittel 4: stark 5: sehr stark

P: Psychopath:in
    1: sehr schwach 2: schwach 3: mittel 4: stark 5: sehr stark

---

5.6.3 Halten Sie auch darüber hinausgehende Eindrücke aus dem Interview fest

Die nun folgende Tabelle 4 kennen Sie inhaltlich bereits aus Kapitel 4.2. Es handelt sich um unser Modell der Kompetenzen der *Führungseignung bzw. Professionaleignung*. Dieses Modell können Sie an dieser Stelle für eine noch globalere Betrachtung heranziehen: Halten Sie fest,

---

[154] Kanning, 2020

Tabelle 4: Kompetenzen der Führungseignung/Professionaleignung

Lern-Kompetenzen *Fähigkeit und Willigkeit zum Neu- und Um-Lernen*	1	2	3	4	5
o Suche nach Lerngelegenheiten	☐	☐	☐	☐	☐
o Feedbackverhalten	☐	☐	☐	☐	☐
o Lernen aus Fehlern	☐	☐	☐	☐	☐
♂ Offenheit für Kritik	☐	☐	☐	☐	☐
+ Allgemeinwissen	☐	☐	☐	☐	☐
Kognitive Kompetenzen *Analytische und konzeptionelle Problemlösefähigkeit*					
o Wissens- und Interessensbreite	☐	☐	☐	☐	☐
o Analytisches Denken	☐	☐	☐	☐	☐
o Planung, Organisation und Kontrolle	☐	☐	☐	☐	☐
♂ Helikopterfähigkeit (Fähigkeit zum Überblick)	☐	☐	☐	☐	☐
+ Ideenflüssigkeit	☐	☐	☐	☐	☐
Motivational-emotionale Kompetenzen *Initiatorische und belastbare Dynamik/Agilität*					
o Energie und Leistungsehrgeiz, Fleiß	☐	☐	☐	☐	☐
o Belastbarkeit und Stressresistenz	☐	☐	☐	☐	☐
o Optimismus und Selbstzutrauen	☐	☐	☐	☐	☐
♂ Risikobereitschaft und zielorientierte Initiative	☐	☐	☐	☐	☐
+ Gestaltungs- und Aufstiegsmotivation	☐	☐	☐	☐	☐
Sozial-interaktive Kompetenzen *Anpassungs- und durchsetzungsfähiges Kontaktvermögen*					
o Extraversion	☐	☐	☐	☐	☐
o Kommunikationsfähigkeit	☐	☐	☐	☐	☐
o Kooperation und Teamfähigkeit	☐	☐	☐	☐	☐
♂ Überzeugen und Durchsetzen	☐	☐	☐	☐	☐
+ Mobilität und Interkulturalität	☐	☐	☐	☐	☐

ob und wenn ja welche von den 20 Merkmalen des Kompetenz-Modells Sie über die bisherigen Beurteilungen hinaus noch gut einschätzen können – auch wenn Sie diese während des Interviews nicht eigens in Augenschein genommen haben. Markieren Sie bei diesen Merkmalen dann bitte den jeweils von Ihnen empfundenen Ausprägungsgrad.

Vielleicht entdecken Sie ja mit dieser zusätzlichen Überprüfung noch versteckte Potenziale oder gar kritische Defizite der Bewerber:innen.

Auch diese Liste können sie unter www.biographisches-interview.de herunterladen und sich zum Ausfüllen ausdrucken.

Wenn Sie jetzt auf Ihre ausgefüllten Bewertungsbögen (B-E-I und Kompetenzen, Abbildung 10 auf S. 115) schauen, können Sie sich einen Gesamteindruck von dem Kandidaten oder der Kandidatin verschaffen.

Mit diesem Vorgehen folgen wir einer Empfehlung Kahnemans: „Die Wahrscheinlichkeit, dass Sie mit einem solchermaßen detaillierten Verfahren die besten Kandidat:innen auswählen, ist viel höher als wenn Sie das tun, was Menschen normalerweise in solchen Situationen tun, nämlich (mehr oder weniger) unvorbereitet in das Interview zu gehen und nach einem intuitiven Pauschalurteil ... eine Auswahl zu treffen".[155]

Wie Sie nun mit Ihrem so gewonnenen Gesamteindruck und den einzelnen Variablenausprägungen umgehen sollten, um die Frage der *Eignung* zu bewerten, erfahren Sie im nächsten Kapitel.

---

155 Kahnemann, 2014, S. 288

Teil C:
Die Passung (Eignung)

6 Zur Frage der Eignung: So klären Sie die Passung von Person und Situation

Eine gründliche Klärung der Passung einer oder eines Bewerbenden zu der in Rede stehenden Stelle ist nicht zuletzt deshalb von so großer Bedeutung, weil von der Gesamtheit derjenigen Fälle, in denen die eingesetzten Manager:innen in Gänze versagt haben, die allermeisten von diesen nicht wegen mangelnder fachlicher oder methodischer Kompetenzen gescheitert sind. Vielmehr ist die Ursache sehr häufig die nicht situationsadäquate Persönlichkeitsstruktur der betreffenden Manager:innen.[156] Analoges gilt für die fatale Fehlbesetzung nicht weniger Aufsichtsräte: Posten werden zu oft nicht nach Kompetenz, sondern nach Sympathie und politischem Nutzen vergeben – zum Schaden der Unternehmen.[157] Die Persönlichkeit nämlich (Führungsanspruch und -stil, Temperament, motivationale und emotionale Charakterzüge u. a.) spielt in Management- und Führungspositionen eine viel größere Rolle als in mehr ausführenden Tätigkeitsbereichen.[158]

Mit *Meehl*[159] halte ich es für plausibel, dass eine komplexe Kompetenz auf Gebieten wie Management, Politik, Kunst, Sport, Erziehung, Lehren u. a. eher eine jeweils bestimmte *Konfiguration* als bloß eine bestimmte *Aggregation* von Einzelmerkmalen erfordert. Oder, wie Praktiker es manchmal ausdrücken: Um in einer bestimmten Situation erfolgreich zu managen und zu führen, bedarf es einer ganzen Anzahl von Merkmalen mit passenden Ausprägungen, aber die schwache Ausprägung in nur einem Merkmal kann schon den Misserfolg verursachen. Wenn etwa eine Person nicht ehrlich und vertrauenswürdig ist, spielt alles andere (z. B. die Fähigkeiten oder das Wissen der Person) keine Rolle. Oder wie ein erfahrener HR-Manager mir vor einiger Zeit sagte: „Ganz gleich, wie gut ausgebildet eine Person ist, wie talentiert oder auch cool, doch so wie diese Person mit Menschen umgeht, sagt mir letztlich alles." Diese beiden Beispiele klingen nach *Heuristiken* für

---

156 Westermann & Birkhan, 2013
157 Bartz et al., 2020
158 Kanning, 2020
159 Meehl, 1992

Personalentscheidungen[160], und davon gibt es in der Praxis tatsächlich recht viele. Sie sind, falls erfolgreich erprobt, natürlich sehr willkommen und zeitsparend.

Am Ende aber gilt es, eine Entscheidung darüber zu treffen, wie die Kandidat:innen eingestuft werden sollten. Es geht also um die Frage „Einstellung *ja* oder *nein*" bzw. „Einstellung *mit Einschränkungen*", bei mehr als einer Person natürlich zugleich um eine mögliche Priorisierung der Kandidat:innen.

6.1 Passt die Person der/des Bewerbenden mit der in Rede stehenden Situation (der Stelle) zusammen? – Und wie gut?

Die Situation (Stelle) bei oberen Management- oder Top-Professional-Positionen ist in der Regel sehr komplex und oft auch einzigartig; die Kontextfaktoren sind vielfältig und üblicherweise verschieden von denen in vorherigen Interviews mit vergleichbaren Kandidat:innen oder Stellen.

Die Klärung einer Passung der konkreten Person zu der gegebenen Situation ist auf Basis der generellen und speziellen Situations- und Personmerkmale problemlösend zu ermitteln. Dazu müssen wir die Eigenarten (Eigenschaften) der *Person*, die wir oben unter 5.6 schon zusammengetragen haben, mit den Eigenarten (Anforderungen) der *Situation* (unter 4.3) noch einmal Revue passieren lassen, um danach die letztliche Prüfung einer Passung anzugehen.

Die psychologische Diagnostik versteht ja Eignung, wie wir wissen, als Passung von Merkmalen der Person zu den Bedingungen und Anforderungen einer beruflichen Tätigkeit, also einer Situation. Dieser

> **⮞ EMPFEHLUNG**
>
> Nehmen Sie eine Zusammenstellung der besonderen Anforderungen der Situation (Stelle) und der besonderen Merkmale der Person (Eigenschaften) vor:
> - Notieren Sie bitte in Stichworten zügig alles an solchen **Stellen-Anforderungen**, von denen Sie glauben, dass sie in besonderer Weise schwierig zu erkennen, zu managen, zu lösen und/oder zu überwinden sind.
> - Notieren Sie dann bitte in Stichworten zügig alle die **Person-Eigenschaften**, von denen Sie glauben, dass sie in besonderer Weise zur Bewältigung v. a. dieser Anforderungen der gegebenen Situation wichtig sind.
> - Für eine Zusammenführung von Anforderungen und Eigenschaften empfiehlt es sich, dazu als Denkmodell eine Matrix wie in Tabelle 5 zusammen zu stellen. Solche Einzel-Einschätzungen wirken auf die jeweiligen Beurteiler:innen durchaus disziplinierend!

---

160 Gigerenzer et al., 1999; Marewski & Gigerenzer, 2013

Sachverhalt lässt sich in einer *Anforderung × Personmerkmal-Matrix* veranschaulichen (s. Tabelle 5). Darin werden die Merkmale der Arbeitstätigkeiten in den Zeilen, die Merkmale der Personen in den Spalten dargestellt: die Beziehung zwischen Tätigkeitsmerkmalen und Personmerkmalen wird dann in den Zeilen als Korrespondenz (mit ×) markiert.

Tabelle 5: *Anforderung × Personmerkmal-Matrix*[161] (ein „×" bezeichnet eine Korrespondenz zwischen einer Stellenanforderung und einer Personeigenschaft)

	Personeigenschaft				
	A	B	C	...	Z
Stellenanforderung 1		×			×
Stellenanforderung 2			×		
Stellenanforderung 3	×				
Stellenanforderung Y					

Nachdem wir uns nun beide Seiten, nämlich die *Person* und die *Situation* noch einmal vor Augen geführt und das Eine dem Anderen zugeordnet haben, können wir uns nunmehr – gut gerüstet – dem Finden einer Entscheidung über die Annahme oder Ablehnung von Bewerber:innen zuwenden.

6.2 Rationales oder intuitives Entscheiden? – Beides!

Prinzipiell gibt es zwei verschiedene Wege in Richtung einer Entscheidungsfindung: einen verstandesmäßig-rationalen (objektiv-sachlichen) und einen gefühlsmäßig-intuitiven (subjektiv-emotionalen) Zugang. In der Berufspraxis ist es für viele eine häufige Frage, wem dabei mehr Vertrauen geschenkt werden sollte, unserem Verstand oder unserer Intuition? Die einfache Antwort: Auf jeden Fall beiden! Dafür ist es wichtig zu verstehen, dass beide nicht miteinander konkurrieren, sondern im Gegenteil der Ermöglichung einer wünschenswerten Ganzheitlichkeit der Betrachtung dienen. Wir können nämlich somit überprüfen, inwieweit unser Bauch (intuitiv) und unser Kopf (rational) gleichgerichtet („konkordant") sind, bevor wir schlussendlich eine Entscheidung treffen.

Einerseits wissen wir von den Neurowissenschaften nicht erst seit Kurzem, dass es rationale Entscheidungen allein gar nicht geben kann. Das frühere Denkmodell vom *homo oeconomicus*, dem rein rationalen

---

[161] Montel, 2013, S. 785 ff.

Nutzen-Maximierer, ist längst überholt. Zur dieser „Blindheit der Ökonomen" sagt z. B. die Professorin für Ökonomie und Philosophie, *Silja Graupe*: „Die ökonomische Lehre scheitert an der Realität, filtert das Wirtschaftsgeschehen durch die rosarote Brille ihrer falschen Grundannahmen".[162] Fakt ist jedenfalls, dass bei Entscheidungen das Gehirn zugleich auch Emotionen mit verarbeitet, und zwar massiv und häufig sogar maßgeblich: „Das Gehirn entscheidet alles andere als rational, sondern ziemlich emotional."[163]

Dagegen glauben noch viele Manager:innen, dass man Entscheidungen grundsätzlich objektiv treffen könne und solle, indem man nur nüchtern-sachlich und losgelöst von Emotionen vorgehe. Diese Denkweise kommt tatsächlich wesentlich aus der Ökonomie, basierend auf der Rationalitäts-Tradition unserer westlichen Philosophie: Wir leben in einer Kultur, in der Rationalität, Intellektualität und Kognition eine viel stärkere Beachtung erfahren als der Bezug auf die Gefühlswelt. Entsprechend predigen uns seit Jahrzehnten Bücher und (Hochschul-) Lehrende über das rationale Entscheiden Weisheiten wie:

Erst wägen, dann wagen oder Erst denken, dann handeln; Gehen Sie besonnen und analytisch vor; Berücksichtigen Sie alle Alternativen, schreiben Sie alle Gründe pro und kontra auf und wägen Sie deren Nutzen und Wahrscheinlichkeiten ab.[164]

Dabei werden wichtige Fragestellungen wie z. B. *Welchen Mehrwert haben intuitive Einschätzungen?* ausgeblendet, weil sie sich nicht in die Sprache der Mathematik übersetzen lassen. „Viele Professoren lassen ihre Studenten zu viel rechnen. Wir brauchen ein Umdenken in der Lehre und ein ganzheitlicheres Verständnis der Ökonomie".[165]

Rationale, also „vernünftige" Empfehlungen beschreiben jedoch nicht, wie Menschen tatsächlich entscheiden – ironischerweise nicht einmal die Autoren solcher Bücher selbst. Dazu ein authentischer Fall aus der Szene dieser Autoren: Ein Professor der Columbia University in New York überlegte hin und her, ob er das Angebot einer anderen, prestigeträchtigeren Universität annehmen sollte. Schließlich nahm ihn ein Kollege beiseite und riet ihm: „Maximiere doch einfach deinen erwarteten Nutzen – du schreibst doch immer darüber." Darauf entgegnete der Professor entnervt: „Hör auf damit – das hier ist jetzt ernst!"[166]

---

162 Graupe, 2020, S. 42
163 Beck, 2018, S.189
164 zitiert in Gigerenzer, 2007, S. 11
165 so der Wettbewerbsökonom J. Haucap, 2020
166 Gigerenzer, 2007, S. 11

Die Unzulänglichkeiten eines rein rationalen Entscheidens *(Rational Choice)* betreffen drei Punkte: „*Erstens* kann der menschliche Verstand komplizierte Entscheidungssituationen allein schon aus Gründen der Komplexität, der mangelnden Kenntnis von Anfangs- und Randbedingungen und wegen der Begrenztheit der Berechenbarkeit gar nicht bewältigen. So viel man auch zu berechnen versucht, es bleiben unvermeidlich weite Bereiche, in denen Abschätzungen und Vermutungen abgestellt werden müssen. [...] *Zweitens* ist das „Rational Choice"-Modell nicht in der Lage zu erklären, wie Menschen wirklich Entscheidungen treffen. Menschliches Denken ist bekanntlich sehr begrenzt, das individuell vorliegende Wissen ebenso; hinzu kommen Beschränktheiten durch Zeitdruck oder bei den Rechner-Ressourcen. Menschen weichen deshalb auf Heuristiken aus, auf *Pi-mal-Daumen-Entscheidungen*, die überraschend wirksam sein können, wie sich gezeigt hat. Sie nehmen dabei Ungenauigkeiten und Risiken in Kauf und begnügen sich mit suboptimalen Lösungen"[167], z. B. nach dem *Satisficing*-Prinzip, d. h. ein zuvor definiertes Anspruchsniveau zu erfüllen. Und *drittens:* nicht zuletzt zeigt sich schon in der Hirnphysiologie, dass rein rationale Entscheidungen ein Mythos sind: das Gehirn formt Entscheidungen „von unten nach oben", zunächst in den emotionalen Hirnregionen, dann erst kommen die rationalen Areale ergänzend hinzu, um schließlich in eine konkrete Handlung übersetzt zu werden. Dabei geben unsere gespeicherten Gefühle jede Entscheidung schon weitgehend vor. Vereinfacht gesagt: Erst kommt das Gefühl, dann der Verstand. So gesehen sind unsere Gefühle der Herr der Entscheidung, der Verstand arbeitet lediglich als Assistent zu: Sammeln und Bewerten von Fakten, sachlich-rationalen Abwägungen, Erstellen von Prognosen u. ä.[168]

Das Dumme bei den Gefühlen ist allerdings: Die Produkte dieses Teils des Gehirns treten nicht ganz in unser Bewusstsein. Zwar lassen sich die positiven oder negativen Gefühle bewusst wahrnehmen, jedoch ist uns meist nicht klar, was diese Emotionen ausgelöst hat. Die unbewussten Teile unserer Intelligenz können entscheiden, ohne dass wir – das bewusste Selbst – die Gründe kennen bzw. auch nur erkennen, dass eine (Vor-)Entscheidung schon längst gefallen ist.[169] Das wusste schon vor Zeiten der Philosoph *Blaise Pascal:* „Das Herz hat seine Gründe, die der Verstand nicht kennt".

Jedenfalls sollten wir bei wichtigen Entscheidungen nicht allein die Fakten überprüfen, sondern auch unseren emotionalen Status, und so das Risiko einer gefühlten Fehlentscheidung reduzieren. Im

---

167 Roth, 2007, S. 180 f.
168 Beck, 2018, S. 189 ff.
169 Dogs, 2018, S. 99

Sinne einer Handlungsanweisung empfiehlt es sich demnach, dass wir zunächst unser Gefühl (die Intuition) befragen, ob es pro oder kontra einer Option ausschlägt. Dann erst schauen wir nach, was unser Verstand (die Ratio) dazu sagt. Wenn z. B. die intuitiv-gefühlsmäßige Entscheidung „pro" lautet, gilt es, wenigstens noch zu prüfen, ob Gefühl und Verstand zusammenzubringen sind, d. h. ob diese Wahl überhaupt sinnvoll für uns ist, ob sie objektiv möglich erscheint und im Rahmen der gegebenen Bedingungen auch realisiert werden könnte.

Allerdings: Derartige intuitive Urteile nach Bauchgefühl können nur dann gut sein, wenn ein Entscheider auf ausreichende Erfahrungen und Informationen in dem betreffenden Realitätsbereich (hier: „berufliche Verhaltenseinschätzung von Menschen") zurückgreifen kann. Alles andere wäre pures Raten.[170]

Der berühmte Entscheidungsforscher *Herbert Simon* hat eine aufklärende Definition von Intuition formuliert, die in der Literatur gerne zitiert wird, und die in Kurzfassung einfach lautet: *Intuition ist Wiedererkennen.* In (akademischer) Langfassung:

> *„Die Situation liefert einen Hinweisreiz (cue); dieser Hinweisreiz gibt einem Experten Zugang zu Informationen, die in seinem Gedächtnis gespeichert sind, und diese Informationen geben ihm die Antwort. Intuition ist also nicht mehr und nicht weniger als Wiedererkennen."*[171]

Diese prägnante Aussage reduziert die scheinbare Magie der Intuition auf die Alltagserfahrung des Gedächtnisses. Zu fundierten Intuitionen kommt es, wenn Entscheider gelernt haben, vertraute Elemente in einer neuen Umgebung (wenn auch unbewusst) wiederzuerkennen und dem gemäß zu handeln.

Beispiele zur Modellvorstellung der intuitiven Entscheidungsfindung als Musterwiedererkennung

Der Psychologe *Daniel Kahneman* ist nicht nur einer der einflussreichsten Verhaltenswissenschaftler unserer Zeit, sondern mit seinem Buch *Schnelles Denken, langsames Denken* auch einem breiteren Publikum bekannt geworden. Dort illustriert er zur Psychologie der Intuition sehr treffend:

> *„Der Schachgroßmeister, der an einer Schachpartie unter freiem Himmel vorbeigeht und ohne stehenzubleiben verkündet:*

---

170   Beck, 2018, S. 184 ff.
171   Kahneman, 2014, S. 23

> *‚Weiß setzt in drei Zügen matt', oder der Arzt, der nach einem einzigen Blick auf einen Patienten eine komplexe Diagnose stellt. Die Intuition von Experten kommt uns wie ein Wunder vor, aber das ist nicht der Fall. Tatsächlich vollbringt jeder von uns viele Male pro Tag intuitive Meisterleistungen: Die meisten von uns können mit absoluter Sicherheit schon im ersten Wort eines Anrufers dessen Wut spüren, wir können bei Betreten eines Raumes erkennen, dass wir selbst der Gegenstand der Unterhaltung sind, oder wir können rasch auf subtile Anzeichen dafür reagieren, dass der Fahrer des Autos auf der Nebenspur gefährlich ist. Unsere eigenen alltäglichen intuitiven Fähigkeiten sind nicht weniger wunderbar als die verblüffenden ‚Ahnungen' eines erfahrenen Experten – nur weiter verbreitet. Die Psychologie richtiger Intuitionen hat nichts Magisches an sich."*[172]

Ganz ähnlich sieht das auch *Gerd Gigerenzer,* ein ebenfalls prominenter Psychologe, der die bewussten und unterbewussten Mechanismen von Entscheidungsprozessen erforscht. Er ist ein Gegner des Dogmas der rationalen Entscheidungsfindung und konstatiert: „Logik und rationale Denksysteme haben die westliche Philosophie des Geistes einfach zu lange beherrscht".[173] *Gigerenzer* sieht keinen Gegensatz zwischen Vernunft- und Bauchentscheidung. Vielmehr geht auch er davon aus, dass sich in diesen Fällen Logik und Intuition ergänzen, nämlich als zwei Werkzeuge „aus der gleichen Kiste".[174]

Auch *Julius Kuhl*[175] stellt die Hypothese auf, dass im Gehirn zwei völlig unabhängige Informationsverarbeitungsstile existieren: die intuitive und die analytisch-rationale Informationsverarbeitung (vgl. Tabelle 6), ein dem Kahneman'schen System vom schnellen und langsamen Denken[176] recht verwandtes Konzept.

Glücklicherweise ist in manchen Sozialwissenschaften inzwischen eine Abkehr vom Absolutheitsanspruch des Verstandes aufgekommen, in deren Folge sich die Auffassung durchzusetzen begann, dass quantitative und qualitative Methoden keinen Gegensatz darstellen, sondern einander fruchtbar ergänzen können.[177] So gesehen kann man die Intuition nicht länger unterhalb der bewussten Ratio ansiedeln, sondern ihr *den* Respekt zollen, der ihr gebührt. Entsprechend

---

172 ebd.
173 Gigerenzer, 2007, S. 28
174 ebd.
175 Kuhl, 2001
176 Kahneman, 2014
177 Kelle & Erzberger, 2000

Tabelle 6: Vergleich von Gefühl (implizit) und Verstand (explizit)*

Intuitive Verarbeitung (implizit)	Analytische Verarbeitung (explizit)
Ganzheitlich	Sequentiell (Schritt für Schritt)
Automatisch, anstrengungslos	Intentional, anstrengend
Affektiv: Lust-/Unlust-betont	Logisch: an Ursachen orientiert
Assozianistische Verbindungen	Logische Verbindungen
Enkodiert Realität in Bildern	Enkodiert Realität in abstrakten Symbolen
Rasche Verarbeitung: an sofortiger Aktion orientiert	Langsamere Verarbeitung: an verzögerter Aktion orientiert
Kontext-spezifische Verarbeitung	Kontext-übergreifende Prinzipien
Erfahrung ist passiv und vorbewusst	Erfahrung ist aktiv, bewusst und kontrolliert
Glauben	Beweisen

* aus Scheffer, 2009, S. 34

empfiehlt *Gigerenzer* in seinem Buch *Bauchentscheidungen* den richtigen Gebrauch des Verstandes sowie das Zulassen der „Intelligenz des Unbewussten und die Macht der Intuition",[178] um zu prüfen, ob Kopf (Ratio) und Bauch (Intuition) sich einig sind.[179]

Diese Auffassung von angesehenen Wissenschaftlern deckt sich im Übrigen mit dem, was ein ausgesprochen erfolgreicher Praktiker, der Unternehmer *Reinhold Würth*, bei passenden Gelegenheiten gern zum Besten gab:

> *„Bei einem talentierten Manager kommen gute Entscheidungen immer zustande durch einen Mix aus Kopf- und Bauchentscheidungen."*

Würth baute die Würth-Gruppe auf und entwickelte sie zum weltweiten Marktführer in der Befestigungs- und Montagetechnik, mit heute rund 77.000 Mitarbeitern.

6.3 „Prä mortem"-Analyse und Entscheidung

Da man nun bei derartigen nicht-routinemäßigen Entscheidungssituationen für obere und oberste Positionen in einer Organisation nicht nach einer mechanischen Prozedur vorgehen kann, plädiert Nobelpreisträger *Kahneman* dafür, dass man kurz vor der Entscheidung gemäß einem Trick von einem seiner früheren Kollegen verfährt. Dieser Trick ist die sog. *Prä-mortem-Analyse*,[180] quasi eine „Obduktion schon zu Lebzeiten". Die Instruktion dazu lautet:

---

178 Gigerenzer, 2007, Untertitel des Bandes *Bauchentscheidungen*
179 Gutzmer & Paulus, 2020
180 Kahneman, 2014, S. 326 f.

> *„Konfrontieren Sie sich selbst mit einem phantasierten Szenario, nämlich, dass seit der Entscheidung für die in Rede stehende Person schon ein Jahr vergangen ist und die Folge der Entscheidung zu einem Desaster geführt hat. Schreiben Sie dann innerhalb von fünf bis zehn Minuten auf, wie es wohl zu einem solchen Desaster gekommen sein könnte".*

Durch diese Atem- und Denkpause gehen Sie evtl. vorsichtiger an die aktuell noch bevorstehende Entscheidung heran, treffen Schutzvorkehrungen und bedenken Alternativen. Auch sollten Sie ruhig Kritik von Anderen einholen, da Außenstehende mehr inneren Abstand zu einem kniffligen Problem haben und eine zweifelhafte Entscheidung besser hinterfragen können.

Wenn Sie dann nach einer solchen „Prä mortem"-Übung die am meisten hervorstechenden Daten dieser phantasierten Dramatik zusammentragen, indem Sie rational die wesentlichen Pro- und Kontrafaktoren ausfindig machen, analysieren und gewichten, kann man in aller Regel eine begründbarere Entscheidung mit Bezug auf die Kandidat:innen und deren Eignung zur Einstellung (pro, kontra oder mit Einschränkungen) treffen. Das Vorgehen ist bei einem solchen Prozedere immer dasselbe: Zunächst stecken wir den emotionalen Rahmen ab, um diesen dann mit Fakten und Erfahrungen abzugleichen; so formt sich in unserem Gehirn schrittweise eine Entscheidung, die tragfähig ist.[181]

Denn am Ende ist es wichtig, so zu entscheiden, dass die getroffene Wahl später auch verantwortet werden kann. Das wird am ehesten dadurch erzielt, dass alle Hirnregionen des Entscheidungssystems in Balance gehalten werden. Wann immer dann ein Ungleichgewicht hineingebracht wird, kippt die Entscheidungsgüte. Sammeln Sie z. B. zu viele Fakten in einer Pro-und-Kontra-Liste, wird das Entscheidungsgleichgewicht auf die Seite der rationalen Hirnregionen verschoben. Zwar treffen Sie dann vielleicht eine objektiv optimale Entscheidung, aber richtig Lust haben Sie dann vermutlich auch nicht darauf.[182]

Deshalb sei hier nachdrücklich noch einmal die o. g. Abfolge empfohlen: „Erst kommt das Gefühl, dann der Verstand": Wir befragen zunächst unsere Intuition, ob pro oder kontra einer gegebenen Option, um dann nachzuschauen, was unsere Ratio dazu sagt. Eine wichtige Regel dabei ist aber auch: Beschränke dich auf einige wenige hervorstechende und relevante Merkmale, zu viel Information kann hier leicht verwirren.[183]

---

[181] Beck, 2018, S. 210
[182] a.a.O., S. 205
[183] eine vielfach wiederholte Empfehlung von Gigerenzer, 2007

Die intuitive Einschätzung sollte daher ganz zu Beginn der Kandidaten-Beurteilung vorgenommen werden, d. h. *bevor* Detailurteile wie in 5.3 und 5.3.1 abgegeben werden.

Dazu folgen wir wieder einer Empfehlung von *Kahneman*, indem wir uns fragen:

1. Was sagt das Gefühl (die Intuition)?
   - „Schließen Sie die Augen und stellen Sie sich den oder die konkrete Bewerber:in als Inhaber:in der in Rede stehenden Stelle (Situation) vor."
   - Schätzen Sie dann die von Ihnen empfundene Passung von Person und Situation auf einer Skala von 1 (= sehr schwach) bis 5 (= sehr stark) ein.[184]
2. Was sagt der Verstand (die Ratio)?
   - Schauen Sie bitte auf Ihren ausgefüllten B-E-I-Bewertungsbogen (Abschnitt 5.6) sowie auf die Tabelle 5 (Abschnitt 6.1) mit der Zusammenstellung der besonderen Anforderungen der Situation (Stelle) und der besonderen Merkmale der Person (Eigenschaften).

Versuchen Sie nun die diversen Daten zusammenzuschauen und nur die wesentlichen heraus zu finden, nämlich was *für* (pro) und was *gegen* (kontra) eine Einstellung auf die in Rede stehende Stelle spricht. Nach Diskussion mit mindestens einer weiteren mit-entscheidenden Person wägen Sie die Pros und Kontras gegeneinander ab und plädieren für „Annahme" oder „Ablehnung" dieser Person bzw. „Annahme mit Einschränkungen".

Wenn das Gefühl, die intuitive Reaktion auf die Option, mit „pro" beantwortet wird, gilt es weiter zu klären, was der Verstand (die Ratio) sagt: ob diese Option überhaupt möglich erscheint und im gegebenen Bedingungsrahmen auch realisiert werden könnte. Wenn dies alles der Fall ist, haben wir die Idealsituation: Am glücklichsten sind *die* Entscheider:innen, bei denen die Emotionen und die rationalen Erwägungen im Einklang stehen.[185]

Schließlich möchten wir ja eine befriedigende Wahl treffen, d. h. eine Option bevorzugen, die zu uns passt und mit der wir überzeugt leben können. Ist die Entscheidung gefallen, formulieren wir nachträglich gern auch noch die rationalen (wenn auch bisweilen nur rationalisierten) Argumente dazu.

Wenn der Idealfall nicht vorliegt und das rationale Urteil eher gegen eine Einstellung spricht, sollten wir keine Pro-Entscheidung treffen. Wenn aber die rationale Entscheidung für pro stimmt, sollten wir bei

---

184 Kahneman, 2014, S. 286
185 Beck, 2018, S. 187 ff.

allzu starker Abweichung der intuitiven von der rationalen von einem Angebot Abstand nehmen, falls die generelle Situation es zulässt.

Eine weitere Handlungsempfehlung für eine Entscheidung zwischen mehr als zwei Alternativen mit Hilfe von objektiven Kriterien ist: Schränken Sie die möglichen Entscheidungsalternativen anzahlmäßig zunächst ein, indem Sie die faktisch nicht realisierbaren (z. B. weil zu teuer) herausnehmen, die letztendliche Entscheidung über die verbleibenden Alternativen aber spontan (aus dem Bauch heraus) vornehmen.

Das alles wäre **vor** einer noch zu treffenden Entscheidung pro oder contra. Es gibt aber auch den Fall **nach** einer schon vorgenommenen Charakterisierung einer Kandidatin oder eines Kandidaten: Manchmal ist es überhaupt erst die ins Einzelne gehende Beschreibung individueller Kandidat:innen-Persönlichkeiten, welche Ihnen oder der personalverantwortlichen Person die Worte dafür eingibt, worauf es bei der Auswahl für die Stelle eigentlich ankommt und wie das imaginierte Anforderungsprofil in Wahrheit beschaffen sein könnte.[186]

6.4 Der Arbeitsmarkt als Begrenzer der maximal möglichen Passung

Seit einiger Zeit erleben wir einen Wandel vom Arbeitgebermarkt zum Arbeitnehmermarkt, zumindest für mittlere und höhere Positionen in Unternehmen und anderen Organisationen.

Von einem *Arbeitgebermarkt* sprechen wir, wenn viele Bewerbende auf zu wenig freie Stellen kommen und die Bewerbenden in hohem Maße um freie Stellen konkurrieren. Die Arbeitgeber können sich dann aussuchen, wen sie einstellen möchten. Der Arbeitgebermarkt führt also zu einem Kampf der Talente.

Bei einem *Arbeitnehmermarkt* haben wir die umgekehrte Situation: Es gibt zu wenig geeignetes Personal für die vielen offenen Stellen. Die Arbeitnehmer können sich folglich aussuchen, zu welchem Arbeitgeber sie gehen möchten. Der Arbeitnehmermarkt führt damit zu einem Kampf um Talente.

Solange wir uns in der Situation eines *Arbeitgebermarkts* befinden, dürften – bei der Überzahl an Jobsucher:innen – die Chancen, geeignete Kandidat:innen zu finden, üblicherweise ausreichend sein. Die adäquate Empfehlung bei Nicht-Passung einzelner Kandidat:innen im ersten Versuch wäre: Fahnden Sie in einem Quasi-Headhunting nach Kandidat:innen, die Sie vielleicht nur durch Abwerbung oder

---

[186] Schmid, 2000, S. 715.

Vergleichbares (z. B. eigene Mitarbeiter:innen als Botschafter:innen, s. u.) erreichen können.

Schwieriger wird es, wenn wir uns in der Situation eines *Arbeitnehmermarkts* befinden. Je stärker der Kampf um Talente dann in Gang ist, desto mehr Einfallsreichtum, Flexibilität und Duldsamkeit müssen an den Tag gelegt werden, um eine befriedigende Güte der Passung zu erreichen. Die Empfehlung lautet in diesem Fall, entweder den Job einem der vorfindlichen Talente anzupassen oder unkonventionell zu suchen. Die folgenden drei Beispiele mögen jeweils eine gelungene Flexibilität bei der Suche nach passenden Kandidat:innen illustrieren:

1. Vor allem die Tech-Branche setzt bei der Suche nach geeignetem Personal auf eine höchst untechnische Lösung – die Netzwerk-Rekrutierung. „Dabei werden die eigenen Mitarbeiter zu Botschaftern, und werben neue Mitarbeiter im Freundes- und Bekanntenkreis. Auch in anderen Branchen wird es immer wichtiger, den persönlichen Kontakt zu Talenten zu suchen."[187]
2. Mit dem Aufruf „Mütter machen den Unterschied" empfiehlt ein bekannter Unternehmensberater[188], die Ressourcen für gute Führungs- und Managementleistungen auch mal in bisher ungewohnteren Feldern zu suchen: nämlich bei Müttern, die sich aus dem Beruf zurückgezogen hatten, aber deren Kinder inzwischen schon etwas herangewachsen sind. In der Tat erwägen gar nicht so wenige dieser Mütter immer wieder einmal, ins Berufsleben zurückzukehren.
3. Ein kürzlich gegründetes Start-up vermittelt IT-Experten, die in Deutschland dringend benötigt werden, die aber außerhalb Deutschlands leben wollen.[189]

---

[187] Eckardt, 2019; ähnlich Schareika, 2020
[188] Sprenger, 2020
[189] Rath, 2020, S. 70

7 Abschließende Bemerkungen: Wie viel steht und fällt mit Führung?

Die Antwort auf diese Frage lautet: Sehr viel! Denn: „Führung ist der treibende Faktor im menschlichen Zusammenleben. Der Erfolg jeder Familie, jeder Schule, jeder Sportmannschaft, jedes Unternehmens, jeder Armee und jedes Staats hängt von Führung ab. Aber Führung ist nach wie vor ein komplexes Feld," so der international renommierte Wirtschaftspsychologe *Hogan*.[190]

Wie die jährlichen Umfragen des *Gallup*-Instituts zum sog. Engagement-Index über viele Jahre recht stabil nachweisen, gibt es in den befragten Firmen ca. 15 Prozent Mitarbeiter:innen, die motiviert sind und eine hohe Bindung an das Unternehmen empfinden, ca. 70 Prozent machen mehr oder weniger Dienst nach Vorschrift, und ca. 15 Prozent haben keine Bindung, sind quasi in der „inneren Kündigung". Das ist nicht nur bedauerlich, sondern auch rentabilitätsbezogen einfach unklug – um über die humane Seite gar nicht erst zu sprechen.

Dieses negative Faktum wird von *Gallup* wesentlich einer im Durchschnitt minderen Führungsqualität der Manager:innen zugeschrieben: Diese seien übermäßig sachorientiert und zweckrational ausgerichtet und fokussierten mehr auf die Schwächen als auf die Stärken von Mitarbeiter:innen. Fehlendes Lob wird, wenn überhaupt, begründet mit der Auffassung *Nicht geschimpft ist genug gelobt*.

Mit einem derart negativen Führungsverhalten aber erzielen solche Manager:innen kein wirkliches Engagement und bauen auch kaum Talente auf,[191] im Gegenteil: Die meisten Kündigungen seitens der Mitarbeiter:innen gehen von deren eigener Unzufriedenheit mit dem Führungsverhalten ihrer Vorgesetzten aus. Die Feststellung von Bariso „People leave managers, not companies"[192] ist ebenso zutreffend wie ein berühmt gewordener Ausspruch Napoleons: *„Es gibt keine schlechten Mannschaften. Es gibt nur schlechte Offiziere"*.

---

190 Hogan, 2014
191 Nink, 2018
192 Bariso, 2018

Jedenfalls: Eine eigentliche Nicht-Eignung so mancher Manager:innen zur Führungskraft ist von ganz zentraler Bedeutung und sollte dringend ernster genommen werden. Taugliche Führung nämlich sieht eher so aus:
- Führung ist der wichtigste Faktor für die Leistung eines Teams.
- Gute Führung ist ein positiver Faktor für eine Gruppe und nicht ein Privileg für die, die führen.
- Das Ziel von Führung ist, ein Team so zu gestalten, dass es erfolgreicher als andere sein kann.
- Die Gestaltung eines Teams soll das Engagement der oder des Einzelnen für das Team fördern.
- Engagement aber braucht Vertrauen.[193]

Und genau daran mangelt es in der Praxis häufig.[194] Konsequenterweise sollte man deshalb nur solche Menschen zu Vorgesetzten ernennen, die auch wirklich Führungstalent haben. Für die anderen müsste man mehr und zusätzlich andere Experten-Karrieren zulassen, bei denen „gute Leute" *auch* beruflich weiterkommen können, ohne zugleich Menschen führen zu müssen. Der Band *Demotivation–Remotivation* beschreibt sehr differenziert, wie Leistungspotenziale blockiert, aber eben auch reaktiviert werden können.[195]

Recht umfangreich hat *Google* mit seinem *Project Oxygen* über ca. zehn Jahre die Persönlichkeits- und Verhaltensqualitäten von erfolgreichen Führungskräften untersucht. Das Ergebnis dieser *Google's Quest to Build a Better Boss* betitelten Studie waren folgende zehn Eigenschaften bzw. Verhaltensweisen:[196]

Die besten Manager:innen

1. sind gute Coaches,
2. fördern Entscheidungskompetenz des Teams und vermeiden Micromanagement,
3. schaffen eine inklusive Team-Kultur und sorgen sich um Erfolg und Wohlbefinden,
4. sind produktiv und ergebnisorientiert,
5. sind gute Kommunikator:innen,
6. unterstützen Karriereentwicklung und thematisieren Leistung,
7. haben für ihr Team eine klare Vision und Strategie,
8. besitzen die technischen Schlüsselkompetenzen, um ihrem Team beratend zur Seite zu stehen,
9. arbeiten unternehmensübergreifend zusammen,
10. sind starke Entscheider:innen.

---

193 Hogan, 2014
194 De Jonge & Scherm, 2013; Luhmann, 1989
195 Wunderer & Küpers, 2003
196 Bariso, 2018

Als Resultat formulieren die *Google*-Autor:innen kurz und bündig: „Technische Fähigkeiten/Fertigkeiten rangieren hinter der menschlichen Note", oder in anderer Formulierung:

> *„Die technische Expertise eines Managers ist weniger bedeutsam als seine persönliche Zugänglichkeit."*[197]

Nicht nur für *Google*, sondern auch für viele andere Unternehmen und Organisationen dürfte diese Erkenntnis bei Auswahl und Entwicklung von Führungskräften nicht sonderlich schwer umsetzbar sein. Sie ist zumindest für diejenigen Institutionen besonders zu empfehlen, die ihren *Engagement-Index* (oder Vergleichbares) substantiell verbessern möchten: nämlich in verstärktem Maße solche Personen als Führungskräfte einzustellen und/oder weiterzuentwickeln, die menschlich und persönlich zugänglich sind. Aber das muss man nicht nur wissen, sondern auch wollen. Schon *J. D. Rockefeller* soll gesagt haben:

> *„Ich zahle mehr für die Fähigkeit von Führungskräften, mit Menschen klug umzugehen, als für jede andere wertvolle Fähigkeit dieser Leute."*

Einfach, aber notwendig: duale Verhaltens- bzw. Führungsstile

Wenn wir den Blick einmal auf das Große und Ganze richten und uns das Fundament unseres Zusammenlebens und -arbeitens vor Augen führen, dann schälen sich zwei grundlegende Themen heraus, die die „Dualität der menschlichen Existenz" ausmachen, nämlich *Agency* und *Communion*. Diese englischen Begriffe sind schon seit längerem in die deutsche Sprache eingegangen und gelten als die „Big Two", die unsere Hauptinteressen im Umgang miteinander widerspiegeln.[198]

Agency „betont die Eigenständigkeit eines Individuums und manifestiert sich in Selbstschutz, Selbstbehauptung und Selbstentfaltung; man strebt nach Leistung, Kontrolle und Einfluss. *Communion* manifestiert sich im Streben nach Gemeinschaft mit anderen, nach Teilhabe, Kooperation und Bindung; das Verhalten wird am Wohl der Gemeinschaft ausgerichtet".[199] In ähnlicher Formulierung kommen diese beiden Dimensionen schon in alten philosophischen Diskursen vor, und später auch in der Tiefenpsychologie (Machtstreben vs. Gemeinschaftsgefühl) und in der Motivationspsychologie (Machtmotiv vs. Bindungsmotiv).

---

197 Bryant, 2011; vgl. auch Damasio, 2017
198 Bakan, 1966
199 Abele, 2013, S. 107

Erfahrungsgemäß lässt sich nach einem etwa einstündigen Interview recht gut einschätzen, ob eine zu beurteilende Person die Inhaltsbereiche *Agency* und *Communion* in etwa gleichgewichtig verkörpert, oder ob sie in der einen oder anderen Richtung einen situationsoptimalen oder -suboptimalen Schwerpunkt hat.

Für Top-Fachkräfte (Professionals) dürfte in vielen Fällen ein milder Schwerpunkt in Richtung *Agency* ideal sein.

Für Führungskräfte dagegen dürfte eine situationsbezogen austarierte Balance von *Communion* und *Agency* günstig sein. Denn erfolgreiche Führungskräfte beherrschen die Gratwanderung zwischen Wertschätzung und Zugewandtheit auf der einen und Durchsetzungskraft und dazu nötiger Bestimmtheit auf der anderen Seite, kurz: Sie halten das Spannungsfeld von Effektivität und Humanität im Gleichgewicht.

Erst wenn ein Führungsstil diese beiden Pole in fruchtbarer Ergänzung vereint, dürfte sich dies positiv auf den Führungserfolg (Leistung und Zufriedenheit des Teams und seines „Leaders") auswirken. Das Talent und die Motivation dazu sind allerdings nicht jeder oder jedem gegeben; deren Abwesenheit bei betreffenden Kandidat:innen sollte deshalb ein klares Ausschlusskriterium bei der Besetzung von Führungspositionen sein.

Übrigens: Mit den polaren Verhaltensstilen *Agency* und *Communion* inhaltlich sehr verwandt sind die beiden je polaren Führungsstile *Aufgabenorientierte* vs. *Mitarbeiterorientierte Führung* sowie *Transaktionale* vs. *Transformationale Führung* – welche in der akademischen Lehre sehr häufig vermittelt werden. Von den mehr als ein Dutzend verschiedenen Führungsstilen, die in Wissenschaft und Praxis „gehandelt" werden, sind diese beiden nicht nur die am besten beforschten – sondern m. E. auch die wesentlichen.

Fazit: Dasjenige, was in der praktischen Ausübung von Führung häufig zu kurz kommt, ist eine Realisierung von mehr *Communion* bzw. *Mitarbeiter-Orientierung* bzw. *Transformationaler Führung* seitens so mancher Führungskräfte. Oder, um noch einmal auf die Ergebnisse der Google-Studie Bezug zu nehmen: Die beruflich-technische Expertise von Manager:innen ist für den Erfolg von Führung weniger bedeutsam als ihre menschliche Note und persönliche Zugänglichkeit – kurz: mehr „Führen mit Herz" ist gefragt.[200]

Das deckt sich mit dem, was bereits zu Beginn in Kapitel 3.2.2 (S. 22) gesagt wurde: Führung als bewusste und zielorientierte personale Einflussnahme erfordert heutzutage, neben der unumgänglichen Aufgabenorientierung, in gesteigertem Maße eine zielführende Perso-

---

[200] Doğan, 2021; Kuhl, 2011

nen- und das meint: Mitarbeiterorientierung. Doch die hat nun einmal viel mit der Persönlichkeit der oder des Führenden zu tun. Zur Erinnerung: „Ein Beispiel zu geben ist nicht die wichtigste Art, wie man andere beeinflusst. Es ist die einzige", sagte Albert Schweitzer einst. In diesem Verständnis ist Führung vor allem Motivierung.[201] Das unterscheidet Führung von singulärem, d. h. dann schlichtem Management.[202] Aber, wie gesagt: Zusammengenommen umfasst Führung kombiniert mit Management die beiden Bereiche „to lead workers *and* manage multiple tasks".

Und dabei sollte eine Führungskraft ihrem Team beispielgebend vorleben:
- *Being one of us,*
- *doing it for us,*
- *crafting a sense of us,*
- *making us matter.*[203]

Oder, wie es in einem weiteren Zitat auf den Punkt gebracht wird: „Es ist eben ein Unterschied, ob man *in* einem Team spielt oder *als* Team. Denn im Team gibt es kein Ich."[204]

---

201 Ibarra & Soular, 2020
202 Kehr, 2015, S. 224
203 Haslam, Reicher & Platow, 2011
204 Sprenger, 2021, S. 93; Niebauer, 2020

8 Einschränkungen: Was das B-E-I nicht ist

Das hier dargestellte Konzept des Biographischen Eignungs-Interviews (B-E-I) beansprucht nicht, ein psychometrisches Messverfahren darzustellen im Sinne klassischer psychologischer Tests, mit Normangaben zu O*bjektivität, Zuverlässigkeit* und *Gültigkeit*. Diese Gütekriterien sind im Falle des B-E-I nicht leicht zu erfassen, insbesondere zur Gewinnung verlässlicher Validierungsdaten für die Einschätzung der Treffsicherheit bei der Leistungsvorhersage, also des Führungserfolgs. Indes: Führungserfolg als Kriterium ist mit seinen diversen und zeitlich sich ändernden Inhaltsfacetten immer noch eine mehr subjektive als eine objektive Größe – und damit im Führungs- und Managementbereich gewöhnlich das schwächste Glied bei Prädiktor-Kriteriums-Korrelationen.[205]

Das entscheidende Problem hierbei ist, dass Messungen beim Kriterium „Führungserfolg" oft wenig reliabel sind, nicht selten auch defizient oder gar nicht erst erhältlich. Zudem spielt in der Praxis eher die qualitative Bewertung eine Rolle – vor allem für höhere Hierarchieebenen und bei Einzelfallbetrachtungen. Führungserfolg ist dann oft weniger eine technische Messfrage („Suchleistung")[206] als vielmehr eine Interpretationsfrage („Bestimmungsleistung")[207], die dadurch nicht nur äußerst subjektiv, sondern auch sehr kontextabhängig ist: Was genau als „Erfolg" eingeschätzt wird, wird stark von Machtgruppen und/oder dem jeweiligen Zeitgeist definiert.

Zum Beispiel wird ein bisher in einem anderen Unternehmen erfolgreicher Manager in der neuen Firma als produktiver Querdenker aufgenommen und jahrelang so betrachtet, bis er durch einen markanten Wechsel im Kollegenkreis gehen muss und nun intern vielen als Gescheiterter gilt. Ähnliches trifft gelegentlich auch für Urteile externer Expertengremien zu: So manche:r „Manager:in des Jahres" wurde später diskret entthront. Derartige Bestimmungsleistungen treten üblicherweise auf bei objektiv nicht mit Sicherheit zu entscheidenden Sachverhalten. So etwa kann die von den einen gefeierte harte Sanie-

---

205 Sarges, 2013c, S. 17 f.
206 Hofstätter, 1986, S. 45 ff.
207 a.a.O., S. 73 ff.

rerin den anderen als unsensible und autoritäre Managerin untragbar sein. Auch das klassische Beispiel der lange Zeit männlich dominierten (und definierten) Welt des Top-Managements soll hier nicht fehlen: Wurden männliche Führungskräfte mit autoritärem Führungsstil früher gerne als „Macher" interpretiert, galten Frauen mit exakt dem gleichen Führungsverhalten männlichen Kollegen als „schwierig". Unabhängig vom Führungsstil sollte es eine Selbstverständlichkeit sein, darf aber trotzdem an dieser Stelle erwähnt werden: Es ist mehr als überfällig, dass sich diese Umstände endlich nachhaltig ändern.[208]

Fazit: Klassische Validitätsprüfungen des Befragungsinstruments B-E-I sind in situationalen Kontexten von oberen Führungskräften und Top-Professionals so gut wie kaum aussagefähig. Derartige Prüfungen können methodisch adäquat nur in einem spezifisch zugeschnittenen experimentellen Untersuchungsdesign für eine validitätsbezogen aussagefähige Datensammlung vorgenommen werden – was natürlich einen überdimensionalen Aufwand erfordern würde, den wir als überschaubares Institut nicht zu leisten in der Lage wären.

Nichtsdestotrotz: Für obere und oberste Führungskräfte und Professionals unterstellen wir *a priori* einen substantiellen Vorhersage-Nutzen von Ergebnissen aus dem B-E-I, auch wenn wir diesen Nutzen aus datenmethodischen Gründen – wie eben dargelegt – (noch) nicht „beweisen", aber wenigstens plausibel machen können. Unser Zutrauen zu dieser Annahme gründet sich darauf, dass wir ansonsten stets geeignete Vorkehrungen treffen für eine logisch und empirisch nachvollziehbare Methodik, um die zutreffendsten Prädiktorwerte zur Einschätzung von Kandidat:innen und deren Passung zu der in Rede stehenden Stelle erhalten zu können. Und dabei nutzen wir selbstverständlich die vielen empirisch gesicherten Informationen zum Planen, Durchführen und Auswerten von Befragungsverfahren.

Aufgrund dieses forschungsbasierten Prozederes halten wir das B-E-I für prognosetauglicher bei oberen Führungskräften und Professionals als die diversen Interview-Formate für Positionen in unteren bis mittleren Hierarchie-Stufen sowie selbstredend diejenigen der noch viel zu weit verbreiteten *Ad-libitum*-Interviews.

Abschließend noch einige Anmerkungen zu unserer Ablehnung von standardisierten Interviews für die Auswahl höherrangiger Bewerbender: Weil standardisierte Interviews nach unserer eigenen methodischen Beurteilung kaum tauglich für eine hinreichende Informationsbeschaffung sind und zugleich auch für diese Klientel eine nicht akzeptierbare Zumutung darstellen, und weil wir es auf höheren Organisationsebenen in der Regel mit kleinsten Personen-Stichproben

---

[208] Regnet, 2017

zu tun haben, müssen wir auf „weichere", d. h. einzelfalldiagnostische Befragungsverfahren zurückgreifen. Zwar haben diese Verfahren bekanntlich den Nachteil, dass sich die Güte der damit erhaltenen Daten psychometrisch nicht tiefergreifend überprüfen lässt (s. oben). Umgekehrt besitzen sie dafür den Vorteil, dass sie auch unter- und unbewusste (sog. implizite) motivationale Informationen zutage fördern können – was für die hier interessierenden Anwendungsfälle von eminenter prognostischer Bedeutung ist. Schließlich möchten wir ja möglichst alle zugänglichen Informationen gewinnen (explizite, aber eben auch implizite), die es ermöglichen, das berufliche Verhalten von Managern und Professionals so gut wie möglich zu erklären und vorherzusagen.

Ich wünsche Ihnen viel Erfolg beim Anwenden des B-E-I-Konzepts!

9 Quellen und Literatur

Abele, A. E. (2013). Agency-Communion. In M. A. Wirtz (Hrsg.), *Dorsch – Lexikon der Psychologie* (16. Aufl., S. 107). Bern: Huber-Hogrefe.

Argyle, M. (2013). *Körpersprache & Kommunikation: Nonverbaler Ausdruck und soziale Interaktion* (10. Aufl.). Paderborn: Junfermann.

Arnold, R. (1997). Von der Weiterbildung zur Kompetenzentwicklung. In Arbeitsgemeinschaft Qualifikations-Entwicklungs-Management-Berlin (Hrsg.), *Kompetenzentwicklung '97* (S. 253–307). Münster: Waxmann.

Asendorpf, J. B. (2013). Extraversion-Introversion. In W. Sarges (Hrsg.), *Management-Diagnostik* (4. Aufl., S. 362–370). Göttingen: Hogrefe.

Atkinson, J. W. (1978). Motivational determinants of intellectual performance and cumulative achievement. In J. W. Atkinson & J. O. Rynor (Eds.), *Personality, motivation, and achievement* (pp. 221–242). Washington, DC: Hemisphere.

Bakan, D. (1966). *The duality of human existence. An essay on psychology and religion.* Chicago: Rand McNally.

Bariso, J. (2018). Google spent a decade researching what makes a great boss. It came up with these 10 things. *Inc., This Morning Newsletter*, 18.07.2018. https://www.inc.com/justin-bariso/google-spent-a-decade-researching-what-makes-a-great-boss-they-came-up-with-these-10-things.html

Barrick, M. R., Mount, M. K. & Judge, T. A. (2001). Personality and job performance at the beginning of the new millennium. What do we know and where do we go next. *International Journal of Selection and Assessment, 9,* 9–32.

Bartz, T. et al. (2020). Kontrollverlust. *DER SPIEGEL, 6,* 64–67.

Bass, B. M. (1990). *Bass and Stogdill's handbook of leadership: Theory, research, and managerial applications* (3rd ed.). New York: Free Press.

Basch, J. & Melchers, K. (2020). Technologie-mediierte Einstellungsinterviews: Ein Überblick über Befunde und offene Fragen. *Zeitschrift für Angewandte Organisationspsychologie (GIO), 51*(1), 71–79.

Beck, H. (2018). *Irren ist nützlich – Warum die Schwächen des Gehirns unsere Stärken sind* (3. Aufl.). München: Goldmann.

Beck, H. (2019). Strategische Ignoranz. *WirtschaftsWoche, 24,* 94.

Beck, H. (2020). *Das neue Lernen heißt Verstehen* (2. Aufl.). Berlin: Ullstein.

Bennis, W. & Nanus, B. (1985). *Leaders*. New York: Harper & Row.

Bernart, Y. & Krapp, S. (1998). *Das narrative Interview. Ein Leitfaden zur rekonstruktiven Interpretation* (Forschung, Statistik & Methoden, Bd. 2). Landau: Verlag Empirische Pädagogik.

Borkenau, P. (1993). To predict some of the people more of the time – Individual traits and the prediction of behavior. In K. H. Craik, R. Hogan & R. N. Wolfe (Eds.), *Fifty years of personality psychology* (pp. 237–249). New York: Plenum.

Brunstein, J. C. (2003). Implizite Motive und motivationale Selbstbilder: Zwei Prädiktoren mit unterschiedlicher Gültigkeit. In J. Stiensmeier-Pelster & F. Rheinberg (Hrsg.), Diagnostik von Motivation und Selbstkonzept (S. 59-88). Göttingen: Hogrefe.

Bryant, A. (2011, March, 12). Google's quest to build a better boss. *The New York Times*. https://www.nytimes.com/2011/03/13/business/13hire.html

Brynjolfsson, E. & McAfee, A. (2015). *The second machine age – Work, progress, and prosperity in a time of brilliant technologies*. New York: Norton.

Buchhorn, E. (2020). Die Lizenz zum Führen. *manager magazin, 6,* 96–102.

Bund, K. (2019). „Blender fliegen heute schneller auf". Interview mit Silvia Löhken. *Die Zeit, 49,* S. 25.

Bund, K. & Rohwedder, M. (2019). Leiser bitte! *Die Zeit, 49,* S. 23.

Burley-Allen, M. (1995). *Listening – The forgotten skill, a self-teaching guide* (2. ed.). New York: Wiley.

Cavanaugh, C. & Zelin, A. (2015). *Want more effective managers? Learning agility may be the key* [SIOP white paper]. Bowling Green, OH: Society for Industrial and Organizational Psychology. https://www.siop.org/Portals/84/docs/White%20Papers/LearningAgilityFINAL.pdf

Cain, S. (2013). *Still – die Bedeutung von Introvertierten in einer lauten Welt* (10. Aufl.). München: Goldmann.

Chamorro-Premuzic, T. & Furnham, A. (2010). *The psychology of personnel selection*. New York: Cambridge University Press.

Chan, D. (2010). Values, styles, and motivational constructs. In J. L. Farr & N. T. Tippins (Hrsg.), *Handbook of employee selection* (pp. 321–337). New York: Routledge.

Damasio, A. R. (1994). *Descartes' Irrtum – Fühlen, Denken und das menschliche Gehirn*. München: List.

Damasio, A. R. (2017). *Im Anfang war das Gefühl – Der biologische Ursprung menschlicher Kultur*. München: Siedler.

Damian, R. I., Spengler, M., Sutu, A. & Roberts, B. W. (2018). Personality stability over 50 years: Sixteen going on sixty-six: A longitudinal study of personality stability and change across 50 years. *Journal of Personality and Social Psychology, 117*(3), 674–695. http://dx.doi.org/10.1037/pspp0000210

Dammann, G. (2007). *Narzissten, Egomanen, Psychopathen in der Führungsetage. Fallbeispiele und Lösungswege für ein wirksames Management.* Bern: Haupt.

De Jonge, J. & Scherm, M. (2013). Führung und Vertrauen. Konzepte und neue Befunde. In W. Sarges (Hrsg.), *Management-Diagnostik* (4. Aufl., S. 203–212). Göttingen: Hogrefe.

De Meuse, K., Dai, G. & Hallenbeck, G. S. (2010). Learning agility: A construct whose time has come. *Consulting Psychology Journal: Practice and Research, 62*(2), 119–130.

DeYoung, C. G., Quilti, L. C. & Peterson, J. B. (2007). Between facets and domains: 10 aspects of the Big Five. *Journal of Personality and Social Psychology, 93*(5), 880–896.

Dilchert, S. & Ones, D. S. (2013). Gewissenhaftigkeit. In W. Sarges (Hrsg.), *Management-Diagnostik* (4. Aufl., S. 323–332). Göttingen: Hogrefe.

Dörner, D. (1976). *Problemlösen als Informationsverarbeitung.* Stuttgart: Kohlhammer.

Doğan, A. (Moderatorin). (2021, 21. Januar). Peter Becker – Wie Deutschland zum Weltmeister in der Führung von Menschen werden kann (Folge 125) [Audio Podcast]. In *Der Achte Tag.* Media Pioneer Publishing. https://open.spotify.com/episode/5My2iRoZFCoCtxs0wPnhhN

Dogs, C. (2018). *Mehr fühlen, weniger denken. WirtschaftsWoche, 39,* 99.

Dudley, N. M., Orvis K. A., Lebiecki, J. E. & Cortina, J. M. (2006). A meta-analytic investigation of conscientiousness in the prediction of job performance: Examining the intercorrelations and the incremental validity of narrow traits. *Journal of Applied Psychology, 91*(1), 40–57.

Eagleman, D. (2013). *Inkognito – Die geheimen Eigenleben unseres Gehirns.* München: Pantheon.

Eckardt, L.-M. (2019, 12. Juni). Persönlichkeitstests bei Bewerbungen: Wäre es besser, wenn Maschinen übernähmen? *SPIEGEL-Online.* https://www.spiegel.de/start/persoenlichkeitstests-bei-bewerbungen-was-sie-bringen-und-was-passiert-wenn-maschinen-uebernehmen-a-e77f3585-99f3-4fe9-8186-1ce281a47bb4

Eichinger, R. W. & Lombardo, M. M. (2004). Learning agility as a prime indicator of potential. *Human Resource Planning, 27*(4), 12–16.

Ellis, A. & MacLaren, C. (2015). *Rational-Emotive Verhaltenstherapie.* Paderborn: Junfermann.

Felfe, J. (Hrsg.). (2015). *Trends der psychologischen Führungsforschung – Neue Konzepte, Methoden und Erkenntnisse.* Göttingen: Hogrefe.

Felfe, J., Elprana, G., Gatzka, M. & Stiehl, S. (2012). *Hamburger Führungsmotivationsinventar (FÜMO).* Göttingen: Hogrefe.

Felfe, J. & Gatzka, M. (2013). Führungmotivation. In W. Sarges (Hrsg.), *Management-Diagnostik* (4. Aufl., S. 308–315). Göttingen: Hogrefe.

Fifić, M. & Gigerenzer, G. (2014). Are two interviewers better than one? *Journal of Business Research, 67*(8), 1771–1779.

Fittkau, B. (1990). Kommunikation. In W. Sarges (Hrsg.), *Management-Diagnostik* (S. 298–306). Göttingen: Hogrefe.

Frisch, M. (1964). *Mein Name sei Gantenbein.* Berlin: Suhrkamp.

Furnham, A. (2008). *Management intelligence – Sense and nonsense for the successful manager.* New York: Palgrave McMillan.

Gatzka, M. & Felfe, J. (2015). Führungsmotivation. In J. Felfe (Hrsg.), *Trends der psychologischen Führungsforschung – Neue Konzepte, Methoden und Erkenntnisse* (S. 381–391). Göttingen: Hogrefe.

Gigerenzer, G. (2007). *Bauchentscheidungen – Die Intelligenz des Unbewussten und die Macht der Intuition* (5. Aufl.). München: Bertelsmann.

Gigerenzer, G., Todd, P. M. & ABC Research Group. (1999). *Simple heuristics that make us smart.* New York: Oxford University Press.

Grant, A. M. (2013). Rethinking the extraverted sales ideal: The ambivert advantage. *Psychological Science, 24*(6), 1024–1030.

Grätsch, S. & Knebel, K. (2020, 18. Juli). Unternehmenskultur & Kulturwandel: Definition, Beispiele, Erfolgs-Tipps. *Berliner Team Magazin.* https://www.berlinerteam.de/magazin/unternehmenskultur-kultur wandel-definition-beispiele-erfolgs-tipps

Graupe, S. (2020). Die Blindheit der Ökonomen. *WirtschaftsWoche, 33,* 42–43.

Gutzmer, J. & Paulus, A. (2020). Wenn Bauch und Kopf sich einig sind – wie man sich durch passende Ziele langfristig motiviert. *Wirtschaftspsychologie aktuell – Zeitschrift für Personal und Management, 27*(1), 27–32.

Haslam, S. A., Reicher, S. D. & Platow, M. J. (2011). *The new psychology of leadership – Identity, influence and power.* New York: Psychology Press.

Haucap, J. (2020). Interview zu „Der Ursprung meiner Karriere". *WirtschaftsWoche, 39,* 98.

Hofstätter, P. R. (1986). *Gruppendynamik – Kritik der Massenpsychologie* (Neuausgabe). Reinbek: Rowohlt.

Hogan, R. (2014). *Defining personality and leadership!* Paper presented at the 17th European conference on personality, July, 15–19. Lausanne, Switzerland.

Hogan, R. & Kaiser, R. B. (2005). What we know about leadership. *Review of General Psychology, 9*(2), 169–180.

Hopf, C. (1978). Die Pseudo-Exploration – Überlegungen zur Technik qualitativer Interviews in der Sozialforschung. *Zeitschrift für Soziologie, 7*(2), 97–115.

Hörisch, J. (2005). *Theorie-Apotheke – Eine Handreichung zu den humanwissenschaftlichen Theorien der letzten fünfzig Jahre, einschließlich ihrer Risiken und Nebenwirkungen.* Frankfurt am Main: Eichborn.

Hossiep, R. & Weiß, S. (2020). *BIB-AM – Bochumer Inventar zur berufsbezogenen Persönlichkeitsbeschreibung – Anforderungsmodul.* Göttingen: Hogrefe.

Hossiep, R., Zens, J. E. & Berndt, W. (2020). *Mitarbeitergespräche – Motivierend, wirksam, nachhaltig.* Göttingen: Hogrefe.

Ibarra, H. & Soular, A. (2020). Führen wie ein Coach. *Harvard Business Manager, 4,* 66–73.

Institut für Demoskopie Allensbach. (1997). *Capital Exklusiv-Umfrage: Die junge Manager-Elite* (Studie 3290 vom März/April 1997). Allensbach: Institut für Demoskopie.

Kador, J. (1997). *The manager's book of questions – Great interview questions for hiring the best person.* New York: McGraw-Hill.

Kahneman, D. (2014). *Schnelles Denken, langsames Denken* (2. Aufl.). München: Pantheon.

Kaiser, R. B. & Curphy, G. (2014). Leadership development: The failure of an industry and the opportunity for consulting psychologists. *Consulting Psychology Journal: Practice and Research, 65*(4), 294–302.

Kanning, U. P. (2016a). Einstellungsinterviews in der Praxis. *Report Psychologie, 41*(11/12), 442–450.

Kanning, U. P. (2016b). Mythos Führungspersönlichkeit – Hängt Erfolg mit dem Charakter zusammen? *Wirtschaftspsychologie aktuell – Zeitschrift für Personal und Management, 23*(1), 21–24.

Kanning, U. P. (2018). *Diagnostik für Führungspositionen.* Göttingen: Hogrefe.

Kanning, U. P. (2020). *Warum scheitern Manager?* Berlin: Springer.

Kehr, H. M. (2015). 3K-Modell der Motivation. In J. Felfe (Hrsg.), *Trends der psychologischen Führungsforschung – Neue Konzepte, Methoden und Erkenntnisse* (S. 103–113). Göttingen: Hogrefe.

Kelle, U. (2003). Abduktion und Interpretation – Die Bedeutung einer „Logik der Entdeckung" für die hermeneutische Sozialforschung. In H.-G. Zieberts, S. Heil & A. Prokopf (Hrsg.), *Abduktion in Handlungswissenschaften. Religionspädagogisch-empirische Theoriebildung im interdisziplinären Dialog* (S. 111–126). Münster: LIT.

Kelle, U. & Erzberger, C. (2000). Qualitative und quantitative Methoden – kein Gegensatz. In U. Flick, E. v. Kardorff & I. Steinke (Hrsg.), *Qualitative Forschung – Ein Handbuch* (S. 299–309). Reinbek: Rowohlt.

Kempf, W. (2009). *Forschungsmethoden der Psychologie – Zwischen naturwissenschaftlichem Experiment und sozialwissenschaftlicher Hermeneutik. Bd. 1: Theorie und Empirie* (2. Aufl.). Berlin: Regener.

Klauer, K. J. (2011). *Transfer des Lernens – Warum wir oft mehr lernen als gelehrt wird.* Stuttgart: Kohlhammer.

Kleinmann, M., König, C. J. & Melchers, K.G. (2007). Organisationsdiagnose. In H. Schuler & K. Sonntag (Hrsg.), *Handbuch der Arbeits- und Organisationspsychologie* (S. 729–736). Göttingen: Hogrefe.

Kliem, O. (1987, November). Zur Management-Potential-Analyse (MPA) – Oder: Wie man bereits heute Manager von morgen identifizieren könnte. *Personal-Führungsreport '87,* S. 14–19.

Kliem, O. (1989). Was Menschen erfolgreich macht. *Harvard-Manager, 11*(2), 23–30.

Kholin, M. & Blickle, G, (2016). Persönlichkeit sagt Leistung voraus: Empirische Befunde und praktische Implikationen. *Wirtschaftspsychologie aktuell – Zeitschrift für Personal und Management, 23*(1), 9–12.

Koch, A. & Westhoff, K. (2012). *Task-Analysis-Tools (TAToo) – Schritt für Schritt Unterstüzung zur erfolgreichen Anforderungsanalyse.* Lengerich: Pabst Science Publishers.

Kotter, J. P. (1990). *A force for change – How leadership differs from management.* New York: Free Press.

Kramer, J. (2009). Allgemeine Intelligenz und beruflicher Erfolg in Deutschland. Vertiefende und weiterführende Meta-Analysen. *Psychologische Rundschau, 60*(2), 82–98.

Kreye, A. (2018). *Macht Euch die Maschinen untertan – Vom Umgang mit künstlicher Intelligenz.* München: Süddeutsche Zeitung Edition.

Kristof-Brown, A. L. & Guay, R. G. (2011). Person-environment-fit. In S. Zedeck (ed.), *APA handbook of industrial and organizational psychology* (Vol. 3, pp. 3–50). Washington: American Psychological Association.

Krug, J. S. & Kuhl, U. (2006). *Macht, Leistung, Freundschaft – Motive als Erfolgsfaktoren in Wirtschaft, Politik und Spitzensport.* Stuttgart: Kohlhammer.

Krug, S. & Rheinberg, F. (1987). Motivation von Führungskräften. In A. Kieser, G. Reber & R. Wunderer. (Hrsg.). *Handwörterbuch der Führung* (S. 1510–1520). Stuttgart: Poeschel.

Krumm, S., Mertin, S. & Dries, C. (2012). *Kompetenzmodelle.* Göttingen: Hogrefe.

Kuhl, J. (2011). *Das bewegte Selbst – Warum Begabungen am besten in guten Beziehungen zur Entfaltung kommen* [DVD]. Müllheim/Baden: Auditorium Netzwerk.

Levashina, J., Hartwell, C. J., Morgeson, F. P. & Campion, M. A. (2013). The structured employment interview: Narrative and quantitative review of the research literature. *Personnel Psychology.* https://doi.org/10.1111/peps.12052

Leslie, J. B. (2013). *Feedback to managers – A guide to reviewing and selecting multirater instruments for leadership development* (4th ed.). Greensboro, NC: Center for Creative Leadership.

Löhken, S. (2016). *Intro, Extro oder Zentro.* Offenbach am Main: Gabal.

Löhken, S. & Peters, T. (2019). *Begegnung im Gespräch – Wie Sie mit Worten Beziehung gestalten.* Offenbach am Main: Gabal.

Lück, H. E. (2013). *Geschichte der Psychologie – Strömungen, Schulen, Entwicklungen* (6. Aufl.). Stuttgart: Kohlhammer.

Luhmann, N. (1989). *Vertrauen – Ein Mechanismus der Reduktion sozialer Komplexität* (3. Aufl.). Stuttgart: Enke.

Luhmann, N. (1995). *Funktionen und Folgen formaler Organisation* (4. Aufl.). Berlin: Duncker & Humblot.

Luthans, F. (1988). Successful vs. productive managers. *The Academy of Management Executive, 2*(2), 127–132.

Lykken, D. T., McGue, M., Tellegen, A. & Bouchard, T. J. (1992). Emergenesis. Genetic traits that may not run in families. *American Psychologist, 47*(12), 1565–1577.

Marewski, J. N. & Gigerenzer, G. (2013). Entscheiden. In W. Sarges (Hrsg.), *Management-Diagnostik* (4. Aufl., S. 228–240). Göttingen: Hogrefe.

McClelland, D. C. (1987). *Human motivation.* Cambridge: Cambridge University Press.

McClelland, D. C. (1987). Characteristics of successful entrepreneurs. *Journal of Creative Behavior, 21*(3), 219–233.

McClelland, D. C. & Burnham, D. H. (1976). Power is the great motivator. *Harvard Business Review, 100-110,* 737–743.

Meehl, P. E. (1992). *Remarks by Meehl replying to a memo from L. R. Goldberg* (Audioaufzeichnung). http://meehl.umn.edu/files/meehl-goldberg-mp3

Mollenhauer, K. & Rittelmeyer, C. (1977). *Methoden der Erziehungswissenschaft.* München: Juventa.

Montel, C. (2013). Prädiktorenauswahl und -kombination. In W. Sarges (Hrsg.), *Management-Diagnostik* (4., vollst. überarb. u. erw. Aufl., S. 785–798). Göttingen: Hogrefe.

Müller, H. (2008). *Die sieben Knappheiten – Wie sie unsere Zukunft bedrohen und was wir ihnen entgegensetzen können.* Frankfurt am Main: Campus.

Mussel, P. (2012). Persönlichkeitsaspekte intellektueller Leistungen. *Report Psychologie, 37,* 440–448.

Nagel, T. (2015). *Die Grenzen der Objektivität: Philosophische Vorlesungen* (Reclams Universal-Bibliothek, Nr. 8721). Stuttgart: Reclam.

Neuberger, O. (1995). *Führen und geführt werden* (5. Aufl.). Stuttgart: Enke.

Neuberger, O. (2013). Unternehmenskultur. In W. Sarges (Hrsg.), *Management-Diagnostik* (4. Aufl., S. 119–123). Göttingen: Hogrefe.

Nida-Rümelin, J. & Weidenfeld, N. (2018). Der Mensch muss Herr, die Maschine sein Knecht sein. *WirtschaftsWoche, 37,* 66.

Niebauer, C. (2020). *Kein Ich, kein Problem: Was Buddha schon wusste und die Hirnforschung heute bestätigt.* Kirchzarten: VAK.

Niekerken, A. (2020). *Das Geheimnis richtigen Zuhörens – Wie Sie erfolgreicher und besser kommunizieren*. Berlin: Springer.

Nink, M. (2018, 9. März). Es mangelt an Selbstreflexion (Interview). *Handelsblatt, 49,* S. 58.

Nisbett, R. E. & Wilson, T. D. (1977). Telling more than we can know: Verbal reports on mental processes. *Psychological Review, 84,* 231–259.

Noelle-Neumann, E. (1997). Warum High Potentials Meinungsführer sind. *Capital, 7,* 133.

Nohria, N. & Khurana, R. (2010). *Handbook of leadership – Theory and practice*. Boston, MA: Harvard Business Press.

Orozco, T. (2020). *The introvert's guide to the workplace*. New York: Skyhorse.

Paulhus, D. L & Williams, K. M. (2002). The dark triad of personality. *Journal of Research in Personality, 36,* 556–563.

Pervin, L. A. (1985). Personality: Current controversies, issues, and directions. *Annual Review of Psychology, 36*(1), 83–114.

Pörksen, B. & Schulz von Thun, F. (2016). *Kommunikation als Lebenskunst – Philosophie und Praxis des Miteinander-Redens* (2. Aufl.). Heidelberg: Auer.

Popper, K. (1957). The philosophy of science: A personal report. In J. H. Muirhead (Ed.), *British philosophy in the mid-century* (pp. 182–183). London: Allen & Unwin.

Precht, R. D. (2015). *Erkenne die Welt – Eine Geschichte der Philosophie, Band 1: Antike und Mittelalter*. München: Goldmann.

PwC Strategy&. (2019). *2018 CEO Success study – GSA deep dive*. https://www.strategyand.pwc.com/de/de/studien/ceo-success/ceo-success-gsa-deep-dive-2018.pdf

Rath, A. (2020). TalentMonkey – Wir vermitteln europäische IT-Experten. *WirtschaftsWoche, 36,* 70.

Regnet, E. (2017). *Frauen ins Management – Chancen, Stolpersteine und Erfolgsfaktoren*. Göttingen: Hogrefe.

Reicherts, J. (2013). *Die Abduktion in der qualitativen Sozialforschung – Über die Entdeckung des Neuen* (2. Aufl.). Berlin: Springer.

Renner, K. H. & Laux, L. (2013). Selbstdarstellung. In W. Sarges (Hrsg.), *Management-Diagnostik* (4. Aufl., S. 370–378). Göttingen: Hogrefe.

Rheinberg, F. (2006). *Motivation* (6. Aufl.). Stuttgart: Kohlhammer.

Rheinberg. F. (2009a). Motivation. In V. Brandstätter & J. H. Otto (Hrsg.), *Handbuch der Allgemeinen Psychologie – Motivation und Emotion* (S. 258–265). Göttingen: Hogrefe.

Rheinberg, F. (2009b). Intrinsische Motivation. In V. Brandstätter & J. H. Otto (Hrsg.), *Handbuch der Allgemeinen Psychologie – Motivation und Emotion* (S. 668–674). Göttingen: Hogrefe.

Rheinberg, F. (2013). Leistungs-, Macht- und Bindungsmotivation. In W. Sarges (Hrsg.), *Management-Diagnostik* (4. Aufl., S. 292–301). Göttingen: Hogrefe.

Rheinberg, F. & Vollmeyer, R. (2018). *Motivation* (9. Aufl.). Stuttgart: Kohlhammer.

Rost, D. H. (2009). Pädagogische Psychologie: Hochbegabung und Hochbegabte – Probleme und Befunde. In G. Krampen (Hrsg.), *Psychologie – Experten als Zeitzeugen* (S. 153–165). Göttingen: Hogrefe.

Roth, G. (2007). *Persönlichkeit, Entscheidung und Verhalten – Warum es so schwierig ist, sich und andere zu ändern*. Stuttgart: Klett-Cotta.

Sarges, W. (Hrsg.). (1990). *Management-Diagnostik*. Göttingen: Hogrefe.

Sarges, W. (1993). Eine neue Assessment-Center-Konzeption: Das Lernfähigkeits-AC. In A. Gebert & U. Winterfeld (Hrsg.), *Arbeits-, Betriebs- und Organisationspsychologie vor Ort. Bericht über die 34. Fachtagung der Sektion Arbeits-, Betriebs- und Organisationspsychologie im BDP in Bad Lauterberg 1992* (S. 29–37). Bonn: Deutscher Psychologen-Verlag.

Sarges, W. (2000). (Hrsg.). *Management-Diagnostik* (3. Aufl.). Göttingen: Hogrefe.

Sarges, W. (2006). Management-Diagnostik. In F. Petermann & M. Eid (Hrsg.), *Handbuch der Psychologischen Diagnostik* (S. 739–746). Göttingen: Hogrefe.

Sarges, W. (2008). Ego-Involvement – Ein vernachlässigtes Prinzip in der Eignungsdiagnostik. In W. Sarges & D. Scheffer (Hrsg.), *Innovative Ansätze für die Eignungsdiagnostik* (S. 17–30). Göttingen: Hogrefe.

Sarges, W. (2013). (Hrsg.). *Management-Diagnostik* (4. Aufl.). Göttingen: Hogrefe.

Sarges, W. (2013a). Lernpotenzial als Meta-Kompetenz. In W. Sarges (Hrsg.), *Management-Diagnostik* (4. Aufl., S. 481–491). Göttingen: Hogrefe.

Sarges, W. (2013b). Interviews. In W. Sarges (Hrsg.), *Management-Diagnostik* (4. Aufl., S. 575–592). Göttingen: Hogrefe.

Sarges, W. (2013c). Eignungsdiagnostische Überlegungen für den Managementbereich. In W. Sarges (Hrsg.), *Management-Diagnostik* (4. Aufl., S. 2–23). Göttingen: Hogrefe.

Schareika, N. (2020). Ist die wirklich so gut? *WirtschaftsWoche, 33*, 94.

Scheffer, D. (2009). Implizite und explizite Motive. In V. Brandstätter & J. H. Otto (Hrsg.), *Handbuch der Allgemeinen Psychologie – Motivation und Emotion* (S. 29–36). Göttingen: Hogrefe.

Scheffer D. & Mikoleit, B. (2013). Persönliche Ziele. In W. Sarges (Hrsg.), *Management-Diagnostik* (4. Aufl., S. 301–308). Göttingen: Hogrefe.

Schein, E. H. (1993). *Career anchors. Discovering your real values*. San Diego: Pfeiffer & Co.

Schein, E. H. (1998). *Karriereanker – Die verborgenen Muster in Ihrer beruflichen Entwicklung* (5. Aufl., S. 80–83). Darmstadt: Beratungssozietät Dr. Looss Stadelmann.

Scherm, M. & Sarges, W. (2019). *360°-Feedback* (2. Aufl.). Göttingen: Hogrefe.

Schmid, F. W. (2000). Einzel-Assessments. In W. Sarges (Hrsg.), *Management-Diagnostik* (3. Aufl., S. 703–716). Göttingen: Hogrefe.

Schmidt, K. (2019). Kreativer Nerd gesucht! – Künstliche Intelligenz verändert die Arbeitswelt. *WirtschaftsWoche, 1/2,* 90–93.

Schmidt, F. L., Oh, I.-S. & Shaffer, J. (2016). *The validity and utility of selection methods in personnel psychology: Practical and theoretical implications of one hundred years of research findings* (Working paper). https://home.ub alt.edu/tmitch/645/session%204/Schmidt%20&%20Oh%20validity%20 and%20util%20100%20yrs%20of%20research%20Wk%20PPR%202016. pdf

Schnädelbach, H. (2002). *Erkenntnistheorie zur Einführung.* Hamburg: Nunius.

Schneider, H. (2019). Warum der Roboter doch kein Jobkiller ist. *WirtschaftsWoche, 6,* 43.

Schuler, H. (2014). *Psychologische Personalauswahl – Eignungsdiagnostik für Personalentscheidungen und Berufsberatung* (4. Aufl.). Göttingen: Hogrefe.

Schuler, H. (2018a). Wie passen Menschen und Berufe zusammen? Rede zur Entgegennahme des Deutschen Psychologie-Preises 2017. *Report Psychologie, 43*(1), 10–17.

Schuler, H. (2018b). *Das Einstellungsinterview* (2. Aufl.). Göttingen: Hogrefe.

Schuler, H. & Mussel, P. (2016). *Einstellungsinterviews vorbereiten und durchführen.* Göttingen: Hogrefe.

Schulz, T. (2019). Die Maschine für alles. *Der Spiegel, 21,* 64–68.

Schulz von Thun, F. (1989). *Miteinander reden 2: Stile, Werte und Persönlichkeitsentwicklung – Differentielle Psychologie der Kommunikation.* Reinbek: Rowohlt.

Schulz von Thun, F. (1998). *Miteinander reden 1: Störungen und Klärungen – Allgemeine Psychologie der Kommunikation.* Reinbek: Rowohlt.

Schulz von Thun, F. & Kumbier, D. (Hrsg.). (2009). *Impulse für Führung und Training – Kommunikationspsychologische Miniaturen 2.* Reinbek: Rowohlt.

Schulz von Thun, F., Ruppel, J. & Stratmann, R. (2000). *Miteinander reden: Kommunikationspsychologie für Führungskräfte.* Reinbek: Rowohlt.

Schwarzer, U. (2019). … und tschüss. Kulturschock. *manager magazin, 2,* 75–78.

Schwarzinger, D. & Frintrup, A. (2016). Die Dunkle Triade der Persönlichkeit – Hype oder Licht aus der Dunkelheit? *Wirtschaftspsychologie aktuell – Zeitschrift für Personal und Management, 23*(1), 26–32.

Silzer, R. & Jeanneret, R. (2011). Individual psychological assessment: A practice and science in search of common ground. *Industrial and Organizational Psychology, 4*(3), 270–296.

Simon, H. (2002). What is an explanation of behavior? In D. G. Myers (Ed.), *Intuition: Its powers and perils*. New Haven: Yale University Press.

Smart, B. D. (1983). *Selection interviewing – A management psychologist's recommended approach*. New York: Wiley.

Spitznagel, A. (2000). Narrative Verfahren. In W. Sarges (Hrsg.), *Management-Diagnostik* (3. Aufl., S. 489–497). Göttingen: Hogrefe.

Spörli, S. & Schmid, F. W. (2006). Das Einzel-Assessment als Baustein der Führungskräfte-Entwicklung. In H.-C. Riekhof (Hrsg.), *Strategien der Personalentwicklung* (6. Aufl., S. 103–112). Wiesbaden: Gabler.

Sprenger, R. K. (2014). *Mythos Motivation: Wege aus einer Sackgasse* (20. Aufl.). Frankfurt am Main: Campus.

Sprenger, R. K. (2018a). Erfolg macht lernbehindert. *Handelsblatt, 128*, 56–57.

Sprenger, R. K. (2018b). *Radikal digital: Weil der Mensch den Unterschied macht – 111 Führungsrezepte*. München: DVA.

Sprenger, R. K. (2018c). Antiquierter geht's nicht. *WirtschaftsWoche, 49*, 107.

Sprenger, R. K. (2019). Das Gute im Schlechten. *WirtschaftsWoche, 32*, 94.

Sprenger, R. K. (2020). Mütter machen den Unterschied. *WirtschaftsWoche, 7*, 94.

Sprenger, R. K. (2021). Im Team gibt's kein Ich. *WirtschaftsWoche, 3*, 93.

Strobel, A. & Strobel, A. (2016). Freude am Denken – Grundlagen und Anwendungsperspektiven von Need for Cognition. *Report Psychologie, 41*(7/8), 298–306.

Tichy, N. M. & Devanna, M. A. (1986). *Der Transformational Leader – Profil der neuen Führungskraft*. Stuttgart: Klett-Cotta.

Todorov, A. (2017). *Face value – The irresistible influence of first impressions*. Princeton: University Press.

Watzlawick, P., Beavin, J. H. & Jackson, D. D. (2011). *Menschliche Kommunikation – Formen, Störungen, Paradoxien* (14. Aufl.). Bern: Huber.

Weber, H. & Rammsayer, T. (2012). *Differentielle Psychologie – Persönlichkeitsforschung*. Göttingen: Hogrefe.

Weilbacher, J. C. (2019). Ein anderer Blick. *changement!, Themenheft 9: Motivation*, S. 1.

Weinert, S. (2020). Leadership-Kompetenzmodelle – Ein Einblick in Strukturen, Typen und Schwerpunkte. *Wirtschaftspsychologie aktuell – Zeitschrift für Personal und Management, 27*(1), 17–20.

Weisbach, C., Eber-Götz, M. & Ehresmann, S. (1979). *Zuhören und Verstehen*. Reinbek: Rowohlt.

Westermann, F. (Hrsg.). (2007). *Entwicklungsquadrat – Theoretische Fundierung und praktische Anwendungen*. Göttingen: Hogrefe.

Westermann, F. & Birkhan, G. (2013). Managerversagen und Derailment. In W. Sarges (Hrsg.), *Management-Diagnostik* (4. Aufl., S. 969–978). Göttingen: Hogrefe.

Westhoff, K. (Hrsg.). (2009). *Das Entscheidungsorientierte Gespräch (EOG) als Eignungsinterview*. Lengerich: Pabst Science Publishers.

Westhoff, K. & Hagemeister, C. (2013). Von den Anforderungen zur Prüfung der Eignung – Basisrate, Selektionsquote, Validität der Auswahlprozedur. In W. Sarges (Hrsg.), *Management-Diagnostik* (4. Aufl., S. 191–199). Göttingen: Hogrefe.

Winzer, H. & Daivandran, K. (2020). Lernagilität – Ein Indikator für Führungspotenzial. *Wirtschaftspsychologie aktuell – Zeitschrift für Personal und Management, 27*(2), 43–46.

WirtschaftsWoche. (2020). *Start-up der Woche: TalentMonkey*. Nr. 36, S. 70.

Wunderer, R. & Küpers, W. (2003). *Demotivation-Remotivation – Wie Leistungspotenziale blockiert und remotiviert werden*. München: Luchterhand.

Zaleznik, A. (1977, May/June). Managers and leaders: Are they different? *Harvard Business Review*, 67–78.

Zenger, J. & Folkman, J. (2016, July 14). What great listeners actually do. *Harvard Business Review*. https://hbr.org/2016/07/what-great-listeners-actually-do

Zimmer, R. (2005). *Das Philosophenportal – Ein Schlüssel zu klassischen Werken* (3. Aufl.). München: dtv.

Zimmer, R. (2007). *Das neue Philosophenportal – Ein Schlüssel zu klassischen Werken*. München: dtv.

Der Autor

Prof. Dr. Werner Sarges ist Psychologe und Betriebswirt (Dipl.-Psych., Dipl.-Kfm.) und einer der führenden Wissenschaftler in Forschung und Beratung zu eignungsdiagnostischen Fragen im Managementbereich. Er hat 30 Jahre lang an der Helmut-Schmidt-Universität in Hamburg geforscht und gelehrt und parallel dazu in 1985 das originäre *Institut für Management-Diagnostik* gegründet, das er bis heute leitet. Das Standard-Werk zu dieser Thematik von Management und Eignungsdiagnostik ist der von ihm herausgegebene Band *Management-Diagnostik,* der 2013 in der 4., vollständig überarbeiteten und erweiterten Auflage erschienen ist.

E-Mail: werner.sarges@sarges-partner.de

Karl Westhoff (Hrsg.)

Das Entscheidungsorientierte Gespräch (EOG) als Eignungsinterview

Eignungsinterviews ohne ausgefeilte Struktur vermitteln meist suboptimale Informationen und fehlerhafte Interpretationen.

Als verlässliches Eignungsinterview eignet sich hingegen das „Entscheidungsorientierte Gespräch" (EOG) mit wissenschaftlich fundierten und praktisch erprobten Strukturen. Professor Dr. Karl Westhoff und sein Team stellen die Details vor - übersichtlich, komprimiert und direkt umsetzbar.

Ein Leitfaden für Psychologen und Nichtpsychologen - u.U. auch für Bewerber.

Das EOG nutzt alle relevanten Ansätze, die sich als nützlich erwiesen haben - ohne Einschränkung auf bestimmte Typen, Arten oder Inhalte. Es nutzt das gesamte empirisch gesicherte Wissen zum Planen, Durchführen und Auswerten von Gesprächen.

Die Autoren bieten eine vielseitig anwendbare Technologie, die bei allen psychologisch-diagnostischen Fragestellungen - also auch bei der Eignungsbeurteilung - nutzbar ist.

Die Besonderheit des „Entscheidungsorientierten Gesprächs" liegt in der Möglichkeit zur systematischen Erhebung und Auswertung qualitativer Informationen (Tiefeninterview). Darin soll der Befragte sein konkretes Verhalten und Erleben so vermitteln, dass der Interviewer es sich vorstellen kann - wie in einem Film.

156 Seiten
ISBN 978-3-89967-550-4   29,50 €
Preise inkl. MwSt.

Dieser Titel und viele mehr auch online erhältlich:
www.pabst-publishers.com

PABST SCIENCE PUBLISHERS
Eichengrund 28
D-49525 Lengerich

📞 +49 (0) 5484-308 | 📠 +49 (0) 5484-550
✉ pabst@pabst-publishers.com
🌐 www.pabst-publishers.com